冲 和 论

——“三生法”简说

李留澜 著

当代中国出版社
Contemporary China Publishing House

图书在版编目(CIP)数据

冲和论：“三生法”简说 / 李留澜著. -- 北京：当代中国出版社，2016. 5

ISBN 978-7-5154-0690-9

Ⅰ. ①冲… Ⅱ. ①李… Ⅲ. ①哲学理论 Ⅳ. ①B0

中国版本图书馆 CIP 数据核字(2016)第 087718 号

出 版 人　曹宏举
策划编辑　王延新
责任编辑　王延新
责任校对　康　莹
装帧设计　温晓春
出版发行　当代中国出版社
地　　址　北京市地安门西大街旌勇里 8 号
网　　址　http://www.ddzg.net　邮箱：ddzgcbs@sina.com
邮政编码　100009
编 辑 部　(010)66572264　66572154　66572132　66572180
市 场 部　(010)66572281 或 66572155/56/57/58/59 转
印　　刷　北京润田金辉印刷有限公司
开　　本　880 毫米×1230 毫米　1/32
印　　张　4.75 印张　109 千字
版　　次　2016 年 5 月第 1 版
印　　次　2016 年 5 月第 1 次印刷
定　　价　29.00 元

目　　录

引　言

人类必须不断地做好两件事:一是和谐;二是创新。

这是因为,人生于天地人群之间,无时无处不面临着冲突。人们在冲突中希望达成和谐,要达成和谐往往需要创新。没有和谐难以生存,没有创新无以发展。这种情形,于今为甚,以后也不可避免。冲突、和谐、创新,是一个无尽的过程。

人是大自然的产物,必须从大自然中获取能量才能生存和发展,这就决定了人类从一开始就与大自然存在着冲突。按照达尔文的进化论和恩格斯的劳动创造了人的观点,古猿在与野兽的搏斗中,想到并打制出最初的石器工具,从而使自身有了本质的飞跃。“人猿相揖别。只几个石头磨过,小儿时节。”旧石器、新石器、陶器、青铜器、铁器、大机器、电子计算机,一路走来,无非是人类用自身的创新能力来解决人与自然之间的冲突。

人们从大自然获取能量,必然有一个能量分配和自然资源占有的问题,这就导致了人与人的冲突。在原始血亲氏族时代,内部的纷争由氏族首领来协调,外部的纷争则往往通过争夺来解决。随着强弱贫富的分化,人类从原始社会走出来,经过奴隶社会、封建社会、资本主义,以至进行社会主义探索,创设了难以尽数的经济、政治、军事、外交、文化、伦理和法律等种种行为规范和典章制度，目的无非是解决人与人之间的冲突。

劳动工具的改善和生产经验的积累可以使人类从自然界获取更多的资源，从而缓解人与自然和人与人之间的冲突，但伴随着人类自身的繁衍和消费欲望的释放，可供分配的资源仍会出现短缺，又会加剧人与自然和人与人之间的冲突。

在农业文明时期，人类的生产活动主要集中在农耕和游牧两个领域。人与自然的冲突，主要是水、旱、风、雪、地震、海啸、疫病之类灾害的侵袭；人与人的冲突，主要是农耕民族内部和游牧民族内部以及农耕民族与游牧民族之间的掠夺和攻伐。自然灾害往往会引发和加剧人与人之间的冲突，而在民族内部和民族之间的冲突中，还包含个人、群体、家庭、家族、阶层、阶级、种族、宗教、国家之间的种种冲突。人类的群落散居于世界各地，由于生产能力的低下和活动范围的狭小，人类发生冲突的范围大体局限在族群内部和相邻的族群。随着生产能力的提高和活动范围的扩大，冲突的范围也在扩大。例如，发生在11世纪到13世纪的所谓十字军东征把战争从欧洲打到了西亚，发生在12世纪的蒙古人的南侵和西征把战争从亚洲打到了中欧。16世纪以后，随着城市工商业的发展、地理大发现和大机器工业文明的到来，欧洲征伐者的脚步跨过浩瀚的海洋，几乎踏遍了地球上所有人群居住和活动的地方，到20世纪前半叶，终于酿成了由欧、亚、美洲等数十个国家参加的两次世界大战。整个欧亚大陆，战争所到之处，无不是一片焦土，人们如扑火飞蛾、入汤蝼蚁。

长期以来，人们对待冲突，在很多情况下只是直观地看到冲突双方的对立，在思维方式和解决方法上常常是非此即彼，以此克彼，甚至连创新的目的也是为了压倒乃至消灭对方，以为这样可以消除冲突，但结果却是每次冲突的解决似乎都是在为下次更大的冲突做准备。在对待人与自然的冲突时，人类将自然视为征服的对象，以为“人定胜天”，不断发明和改进生产工具，征服能力的确越来越强，但最终遭到了大自然的严重报复，全球性的资源短缺和环境恶化问题日益严峻，任其发展下去，人类将遭受灭顶之灾；在对待人与人的冲突时，人类将对方当作征服的对象，生产工具转化成杀人武器，石块、刀剑、戈矛、车骑、火炮、滑膛枪、坦克、战舰、战机，直至导弹和热核武器，以为只要拥有了杀伤力更大的武器就可以置对方于死地，结果却是核竞赛达到无以复加的地步，使整个人类头上悬挂起达摩克利斯之剑，使人类赖以生存的地球面临被毁灭的危险。

当今之世，大至面对世界上日益迫近的很有可能是前所未有的冲突，小至面对日常工作和生活中时时处处已经发生和可能发生的冲突，应该抛弃过去那种简单的以此胜彼的思维方式和解决方法，采取更加符合自然法则和人类心性的“天道人德”的思维方式和解决方法，在面对冲突时达成和谐并实现创新。这是本书的旨要和写作目的。

第一章　中国古人对宇生图景的描写

研究关于思维方式和行事凭依的方法论，要做到更加符合自然法则和人类心性，必须认真检视前人的智慧，从他们对宇宙生成图景的认知和描写出发，在把握宇宙间万事万物演化规律的基础上，与哲学上的本元论和认识论相联系，超越特定的时间和空间限制，使之具有普适性和根本性。

一、《周易》中的宇生观

人生于宇宙之间，具有好奇心和求知欲，必然要探究宇宙乃至万事万物的生成和演化的情形和规律，并用来指导自身的活动，以达到趋利避害、求福免祸、逢凶化吉的目的。在中国古代，这方面的认知较早地集中反映在西周时形成的典籍《周易》之中。

《周易》原本是一部主要用于占卜的书。在人类的幼年时期，由于驾驭自然和自身生存能力薄弱，相信有异己的神秘力量存在，人们通过占卜的方式求得“神示”，以决定是否行动和如何行动。时至今日，有人遇到有风险而无把握的事，为了决断，仍然采用占卜的方法。中国古代最早的占卜，是将龟甲、兽骨钻孔后烧灼，使之产生裂纹，形成所谓的天示之象，以此来判断凶吉祸福。后来发展为用蓍草或者竹签,经过一套复杂的程式加以抽取和组合,形成一些数字,再根据数字与相应的符号排列成象,所以占卜又叫做占筮。《周易》用的是占筮之法,以卦象来推测吉凶。

《周易》共有六十四种卦象。所谓卦,就是“挂”,也就是挂起来可以看到的象。卦象由爻组成。“—”表示阳,叫做阳爻;“ -- ”表示阴,叫做阴爻。每三爻组成一种卦象,有八种组合,叫做八卦,各有卦名:乾、坤、震、巽、离、坎、艮、兑,分别代表自然界的八种事物和现象:天、地、雷、风、水、火、山、泽。八卦两两相重,有六十四种组合,叫做六十四卦,每卦又各有卦名,如乾、坤、屯、蒙、需、讼、师、比、小畜、履、泰、否……,各表示一种与自然现象相联系的人事境况。六十四卦由八卦推演而来,所以八卦又称做经卦,六十四卦又称做别卦。别卦中每卦由上下两个经卦组成,上卦又称做外卦,下卦又称做内卦。别卦每卦六爻,每爻在卦中处于不同的位置,与其他各爻相联系,表示三百八十四种情势,象征意义非常丰富。《周易》的易,象征日月,主要是指变化的意思,用于占卜就是按照一定的程式寻求卦象的变化,这也是“变卦”一词的由来。《周易》的主旨是在比拟中了解宇宙间万事万物的变化之道。

卦象具有直观性,但其中的含义不可能自明,需要用文字加以说明,这样的说明叫做卦辞和爻辞,统称卦爻辞。卦辞是对每卦的说明,爻辞是对每爻的说明。卦爻辞分“经”和“传”两个部分。经又分为上经和下经两个部分,上经三十卦,下经三十四卦,文字极其古朴凝练,跳跃性强,而且大都采用比喻、借喻和隐喻的方式,因此很难读懂。“传”又叫做《易传》或者《周易大传》,是对经的解释和评论。传共有七种十篇,又叫做十翼,分别为:《文言》一篇,只对乾、坤两卦加以说明;《彖传》两篇;《象传》两篇;《系辞传》两篇;

《说卦传》一篇;《序卦传》一篇;《杂卦传》一篇。原先都是单行,后来与经合起来并行。其中,《文言》分别插入乾、坤两卦的经文之后;《彖传》《象传》分别插入各卦的经文之后;《系辞传》《说卦传》《序卦传》《杂卦传》,因为是总体性的或者是系统性的不同角度的解释和评说,所以附在六十四卦之后。

关于《周易》的成书过程,相传为伏羲画卦,文王重卦,孔子作传,即所谓“人更三圣,世历三古”,也就是说,最初是远古的华夏始祖伏羲画成了八卦,周文王将八卦两两重叠组合成了六十四卦,并加以文字说明,形成了《易经》,后来由孔子做进一步的解释和评说,形成了《易传》,与《易经》合起来称做《周易》。后世的研究认为:伏羲半是神话半是传说中的氏族首领,八卦不一定是他所画,但远古时的智者画一些简单的符号用来占卜是很有可能的。说是由伏羲所画,无疑可以表明《周易》的起源非常久远而且神圣,对此没有必要也无法进行过分的推敲。要看到的是,在《周易》形成之前,已出现过《连山易》和《归藏易》,其中都已经有了六十四卦。这两部书,到汉代时还有人看到过,后来都失传了。由此看来,六十四卦也许并非是周文王的创造,他对卦辞和爻辞进行整理、修订乃至重新撰写,直到后来由周公加以润色,这都是有可能的。至于孔子是否作传,自北宋时欧阳修提出质疑后,一直有争议。比较一致的看法是,孔子“老而好易”,读之“韦编三绝”,是没有争议的;但所谓作传,则很可能是到战国时,由儒家学者根据流传下来的孔子对《易经》的一些理解,综合当时已有的阐释成果,演绎和敷陈儒家的价值观念,修订和编撰而成。

至此可以看到,《周易》是由中国古人依照“天人合一”和“天人感应”观念形成的主要用于预测吉凶祸福的书,经过经和传的阐释和评说，成为包含宇生观、伦理观和朴素而古奥的辩证思想等极其丰富和深邃的哲学内容的典籍，因而也就成了中华文化的重要源头。《周易》与《尚书》《诗经》《礼经》《乐经》《春秋》，被儒家学派奉为“六经”，且居于首位。《周易》又与《老子》《庄子》，被道家学派尊为“三玄”，也列于首位。不仅儒、道两家，先秦时墨、法、名、兵、农、阴阳等诸子百家，无不以《周易》为依托，生发阐述，各成一说。《周易》在中华文化史上的地位是其他古籍难以比拟的，是中国古代知识分子凡欲知天达人者不能不读的经典。

《周易》基于符号图像的文字说明有经和传两大部分。经的部分可以说是原始文本，而传的部分是后来的学者对经的进一步解释和补充，两者之间的内涵可能一致，也可能不完全一致。关于宇宙生成乃至万事万物演化的图景，在经的部分并没有做集中的描写，只有在传的部分《系辞传》中才有如下概括：

易有太极，是生两仪。两仪生四象，四象生八卦。八卦定吉凶，吉凶成大业。

太极是原始和起初的意思，两仪是指阴阳，四象是指春、夏、秋、冬四时，八卦是指八种自然景象，吉凶和大业是指社会人生。如果把太极看作是数的起始，《系辞传》在这里就描写了一个一、二、四、八的演进图式（见图示一）。重要的是，在这样的图式中，从一开始到二到四到八，表现出从二以后的两两递进关系，宇宙生成乃至万事万物演化被看作是一个不断“一分为二”的过程。

《周易》区别于其他古代典籍最为显著的特征，在于用形式化的符号来象征事物的变化。因此，对其中的符号及其组合方式不

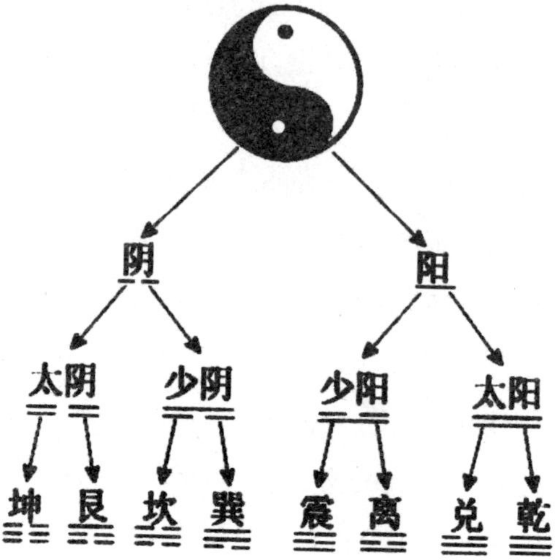

图示一

应该有任何忽视。结合经的部分,可以看到阴爻(--)和阳爻(—)两个基本符号,三爻组成八卦,两个三爻八卦组成的六爻的六十四卦,而看不到按《系辞传》的上述概括所形成的图示一中由两爻组成的所谓太阴、少阴、少阳、太阳四象。

为什么作为经卦的八卦由三爻组成而作为别卦的六十四卦由两个三爻组成,对此,《易传》的作者应该是注意到了,如《系辞传》中说:"六爻之动,三极之道也。"还说,"《易》之为书也,广大悉备。有天道焉,有地道焉,有人道焉。兼有三才而两之,故六。六者非它也,三才之道也。"《说卦传》中也说:"兼三材而两之,故易六画而成卦。"后来的学者沿着这样的路数作进一步的解释,如唐初的孔颖达在《周易正义序》中说:"圣人初画八卦,设刚柔两画,象二气也,布以三位,象三才也。"三极、三材、三才,都是指天、地、人。也有从另外的角度解释的,如西汉末《易纬·乾凿度》中说:"物有始有壮有究,故三画而成乾。”当代哲学家庞朴先生不甚同意上述说法,感到前者有些求之过深,后者有些过于抬高古人,他认为八卦之所以由三画组成,只不过是在占卜时通常采用的“占三从二”方法的表现。[①] 当然,这也是一种猜想,还可以有别的猜想。比如,很有可能是古人在尝试确定画法时,将阴阳两种符号组合在一起,只有四种图象,再加一画,可以变成八种图象,而八种图象两两重合,又可以变成六十四种图象。这无疑是一种以简制繁、以少制多的巧妙安排。

没有必要也无法深究这些说法哪一种更符合画卦者的原意,也可以说都不无道理。这里要指出的是,以自然之象作占卜之用,由三爻而至八卦,再由两个三爻的八卦重合而至六爻的六十四卦,“三”在其中肯定有着不可忽视的象征意义。《易传》注意到了这一点,将象征天、地、人的三才视为古人设置三爻卦和六爻卦的原因,而没有将此纳入对宇宙生成乃至万事万物演化图景总的描写。在两仪和八卦之间加进了《易经》原始文本并未谈及的四象,以至于形成由二到四到八的连续二分的递进关系。由于《易经》和《易传》的合并刊行,后世学者对此更是未加辨析,大都认为不断的“一分为二”是《周易》在这个问题上的全部思想。

这种误解和偏差到北宋时的邵雍表现得最为明显。邵雍认为,宇宙万物的生成和演化由太极而来,这和《易传》是一致的。所不同的是,《易传》只是将“一分为二”到两仪到四象到八卦,而邵雍则在八卦之后继续推进,增加了十六卦、三十二卦,再到六十四卦。当然,六十四卦之后还可以推演,一百二十八卦、二百五十六卦等,

---

① 庞朴:《一分为三论》,上海:上海古籍出版社2003年版,第69页。

“两两相偶，非覆即变”，“一分为二”，一以贯之，直到无穷。为了进行这样的推演，邵雍把《易传》及后来解易者所用的天、地，动、静，阴、阳，刚、柔等概念调动起来，说天地生于动静，天分为阴阳，地分为柔刚，阴阳柔刚，叫做四象。阴阳又分为太阳、太阴、少阳、少阴，分别指日月星辰，叫做天的四象；柔刚又分为太柔、太刚、少柔、少刚，分别指水火土石，叫做地的四象。日月星辰有寒暑昼夜之变，水火土石有雨雪风霜之化，在这八种现象的变化之中产生出万事万物。邵雍也说天地、动静、阴阳、刚柔相交，但在他看来相交的作用只是使对立的双方都“一分为二”，由此形成了他的六十四卦次序图（见图示二）。从中可以看到，《周易》中由阴阳二爻所组成的三爻卦和六爻卦都不存在了，剩下的只是黑白方块所表示的永远的阴阳二分。

二、《老子》中的宇生观

在中国的古代典籍中，特别值得注意的是，对宇宙生成乃至万事万物演化图景的描写，老子的《道德经》与《系辞传》以及后世儒家学者如邵雍等有着明显的不同。《道德经》第四十二章说道：

道生一，一生二，二生三，三生万物。万物负阴而抱阳，冲气以为和。

一般认为，《道德经》为老子所著，所以又叫做《老子》。据说老子曾担任周王朝的典藏史，相当于国家图书馆馆长。有故事说孔子曾专程向他请教，称赞他“犹人中龙也”。可见他与孔子同样生

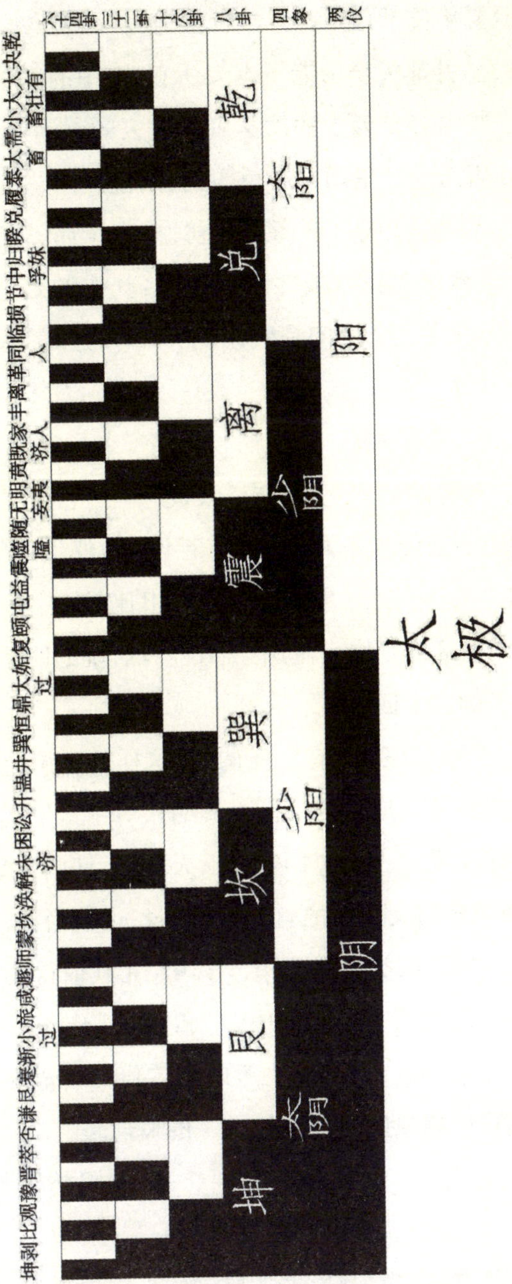

图示二　邵雍六十四卦次序图

活于春秋末期，但要年长于孔子。有学者认为，从《道德经》的内容变化来看，《道德经》并非完全由老子本人所著，书中的基本思想属于老子，但也有一些内容是老子的后学者加进去的。比如，上文引述的这段话，在郭店出土的楚简本中就没有，可能是有人在后来的版本中加进去的。《易经》成书于商末周初，并且于周王朝立国之后便被奉为国家经典。《老子》较之晚出得多，其作者无论是老子还是他的后学者，对《易经》肯定是熟悉的，书中的许多思想是对《易经》的继承和发挥。

在《易传》中说“易有太极，是生两仪”，在《老子》中说“道生一，一生二”，“道”对应“易”，“一”对应“太极”，“二”对应“两仪”，两者大体一致。接下来便大不相同了，前者说“两仪生四象，四象生八卦”，后者说“二生三，三生万物”。两相比较，后者说到了“三”，而且从“三”直接到万物，其间不再有前者所说的四象、八卦，当然也不再有后来的六十四卦。

这显然是《老子》对“三”的有意强调，而这样的强调恰好可以弥补《易传》中未能将三爻成卦的象征意义纳入对宇宙生成图景描写的缺陷。《系辞传》说：“古者包牺氏之王天下也，仰则观象于天，俯则观法于地，观鸟兽之文与地之宜，近取诸身，远取诸物，于是始作八卦，以通神明之德，以类万物之情。”其中，尤其值得注意的是“近取诸身”，有学者认为，《易经》中“—”和“ -- ”作为阳爻和阴爻，是出于对男女生理特点的摹拟[①]。考虑到古代社会普遍存在生殖崇拜，这完全是可以想象的。人作为统一的概念是“一”，人分男女是“二”，男女交合，生育子女。阳爻、阴爻，再加阳爻或者阴爻，

① 陈望衡：《占筮与哲理》，昆明：云南人民出版社 1979 年版，第 45 ~ 47 页。

两爻变成了三爻是“三”，从而构成了生命链条中完整的环节。人分为男女，如果男女不交合，不生育子女，生命链条将无以延续。那么，一阴一阳交合，为什么要再加上一阴或者一阳，而不是再加上不同于阴爻和阳爻的另外的一种符号？因为在正常情况下，男女交合不是生男就是生女，所以只要加上一阴或者一阳也就够了。

有学者认为，古人画卦还“远取诸物”，其实也可以看做是“取象于外物”①。阴和阳，很可能是古人看到天地之间昼夜和光影的交替变化，取象于物，以此表示所有对立面的转化。天地交合而生人，天地交合而生万物。这或许是中国古人的一种直观看法，而随着科学的昌明，人们对宇宙万物的认识变得细致和精确。在太阳和地球之间，由于光合作用的不断发生，无机物变成了有机物，低级生命变成了高级生命。植物分雌雄，动物分公母，交合之下使后代得以繁衍。人类如此，万物也是如此。“生生之谓易”，说的是大自然和人世间生生不息的规律。《易经》以三爻画成八卦，用来象征天地交合之下产生的雷、风、水、火、山、泽等自然现象，又以两个三爻的经卦组成六爻的六十四种别卦，用来象征在两者交合之下产生的更为丰富和复杂的自然界和人世间的情形，而归结起来无非都是“二生三”，即两种不同的事物生出既与这两种事物相联系又不同于这两种事物的第三种事物。只是《易传》在描写这种情形时，在两仪和八卦之间，忽视了三爻成卦的象征意义，又插入了四象，才形成仅仅是二分递进的图式。而所谓四象，春、夏、秋、冬，每一象说到底都是天地交合的结果。近代科学早已证明，四季变化完全是因为地球在围绕太阳公转的同时又在自转，是由两者之间

---

① 陈望衡:《占筮与哲理》,昆明:云南人民出版社 1979 年版,第 37 ~ 38 页。

的相互运动造成的,仍然是“二生三”。

需要指出的是,在中国古代还有“五行”之说。大约比《周易》稍晚成书的《尚书》,其中的《洪范》篇提出了宇宙万物由五行生成的说法:“一曰水,二曰火,三曰木,四曰金,五曰土。水曰润下,火曰炎上,木曰曲直,金曰从革,土爰稼穑。”此后,宋国的大夫子罕说:“天生五材,民并用之,废一不可。”五材指的就是水、火、木、金、土。晋国太史蔡墨用“五行”“五官”说明事物之理和对神明的祭祀。“行”在古汉字中是指相交的通道,借此来概括说明世间万物由五种基本要素构成并不断变化。

战国末期的《黄帝内经》、秦时的《吕氏春秋》,以及汉初的《淮南子》,都已经将《周易》的“阴阳说”与《尚书·洪范》的“五行说”结合起来加以运用。到汉武帝时,董仲舒提出“罢黜百家,独尊儒术”,同时也汲取其他各家的一些思想。在其所著《春秋繁露》中将“阴阳说”与“五行说”明显地糅合在一起,认为由阴阳而生五行,由五行而生万物。他主张“天道之常,一阴一阳”,只是阴阳不再推演为八卦,而是生成为五行。他特意将《尚书·洪范》中五行的次序调整为木、火、土、金、水,说五行“比相生而间相胜”,即:木生火,火生土,土生金,金生水,水生木;金胜木,水胜火,木胜土,火胜金,土胜水。五行相生相克,循环往复。五行又与四时和四方配合起来:春木、夏火、秋金、冬水、四时兼于土,东木、南火、西金、北水、四方兼于土,由此产生万物。到北宋时,周敦颐又进一步形成了其所著《太极图说》,文中说:“无极而太极。太极动而生成阳,动极而静,静而生阴。静极复动。一动一静,互为其根。分阴分阳,两仪立焉。阳变阴合而生水、火、木、金、土,五气顺布,四时行焉。五行一阴阳也,阴阳一太极也,太极本无极也。五行之生成也,各一其性。

无极之真，二五[①]之精，玄合而凝。乾道成男，坤道成女。二气交感，化生万物。万物生生而变化无穷焉。”[②]如此种种，便形成了被后世所奉行的关于宇宙生成和演化的“阴阳五行说”。

对于宇宙生成和演化的图景，从易或者无极而来，到太极，再到阴阳，接下来，《系辞传》说是四象、八卦，从《尚书·洪范》到董仲舒以及周敦颐说是五行，都忽视了“三”的环节，而且都落脚在具体事物上并以此作为构成万物的元素。从成书时间来看，《老子》的作者不仅对《易经》中的八卦以及六十四卦是熟悉的，对《尚书·洪范》中所说的五行也应该是了解的，但书中在指出“道生一，一生二”的基础上强调了“二生三”，之后不说四象、八卦、六十四卦以及五行那样的具体事物和现象，而是直接说“三生万物”。《老子》将道看作是宇宙的缘起：道是处于混沌状态的精气，浑然一体，所以说“道生一”；一化生出处于冲突状态的阴阳二气，所以说“一生二”；阴阳二气在冲突中达成和谐，冲气以为和，化生出新的第三种事物，所以说“二生三”；宇宙间的事物千差万别，归结起来都是这样化生的，所以说“三生万物”。在我国广西壮族地区有“自然之子”图，图中“三爻”变形为“三鱼”，我们也可称其为宇生图（见图示三）。这与由《周易》而来的仅有阴阳两鱼的太极图形成了鲜明对照。与《周易》和《尚书·洪范》以及后来的种种说法相比，《老子》对宇宙生成乃至万事万物演化图景的描写，显然更完整、更准确、更集中、更简约，更符合古人做《易经》以三爻画卦的最基本的含义，当然也更具有哲学的抽象意味。

---

① 二：两仪。五：五行。

② 任继愈主编：《中国哲学史》第三册，北京：北京人民出版社 1964 年版，第 179～180 页。

图示三　宇生图

本书定名为《冲和论》，源自《老子》基于对《易经》的理解所作的对宇宙生成乃至万事万物演化图景的描写，“万物负阴而抱阳，冲气以为和”，而万物都是“道生一，一生二，二生三”化生而来，所以其通俗的表达又可以叫做“三生法”。

第二章　西方哲学和科学中的宇生观

现代科学的主要源头出自西方。在对宇宙生成图景的看法上，由于赖以生存的环境不同，观察问题的侧重点不同，以及知识积累所形成的路径依赖不同，西方古代的思想家较之中国古代的思想家，表现出明显的差异，但由于物同此理，人同此心，他们之间又有许多共通之处。

一、古希腊哲学中的宇生观

西方对宇宙生成乃至万事万物演化图景的描写，可以追溯到古希腊。在古希腊的许多思想家看来，宇宙由大自然本身发展而来，而并非超自然力量的支配。他们认为，宇宙的生成和演化必然同某种自然存在的具体要素相联系，是要素演化的结果。

较早持这种观点的是米利都学派，他们关心生产和科学的发展，摆脱上古神话的束缚，对宇宙的构成提出各自的见解。泰勒斯认为“水是万物的始基”。阿那克西曼德提出“无限是一切存在物的始基和元素”。他所说的“无限”，不是形容词，而是名词，是指混沌不定的存在物。阿那克西美尼则提出“万物的始基是气”。他们不仅谈到了宇宙的本元，而且试图用变化和发展来说明万物的形成。阿那克西曼德认为,“无限”在永恒的运动中分离出对立的状态,即冷和热,由此衍生出万物。阿那克西美尼认为,“气”因稀薄和浓聚而形成不同的事物,“使它(气)集合和凝聚的是冷,使它稀薄和松弛的是热”。他还解释说:“当它很稀薄的时候,便形成火;当它浓厚的时候,则形成风,然后形成云;而它更浓厚的时候,便形成水、土、石头;别的东西都是从这些东西产生出来的。”①该学派形成了最初的关于地球是宇宙的中心的理念,认为其他天体都围绕地球运行。

后来赫拉克利特发展了上述思想,不过他认为世界的本元是“火”。他明确指出:“世界不是由任何神创造的,也不是任何人创造的,它过去、现在和将来永远是一团火。”②更重要的是他提出“一切皆流、一切皆变”的观点。为此,他用川流不息的河水作比喻,引出他的名言:“人不能两次踏入同一条河流。”而且,他猜测到了事物运动和变化的根本原因在于其内部存在着对立面的斗争,认为“一切都是斗争产生的”,“一切都是通过斗争和必然性产生的”。他还从事物的不断运动和变化中,觉察到了对立面彼此依存、相互转化的道理,指出:“自然界也追求对立的东西,总是从对立的东西产生和谐,而不是相同的东西产生和谐。”为此,他列举了生与死、梦与醒、少与老、干与湿、热与冷、健康与疾病等例子,形象地说明这样的道理。他把这样的道理称为“统治一切的‘逻各斯’”或者“驾驭一切的思想”。

沿着元素说的思想,米利都学派的留基伯最先提出了原子论。他认为“物质是均匀的,同质的;但是包括无数不可分的小粒子。

① 朱德生、李真主编:《简明欧洲哲学史》,北京:北京人民出版社1979年版,第11页。
② 同上书,第12页。

这些原子处于恒动之中，它们通过冲撞和重新组合而形成各种化合物。集中成‘旋涡’的原子之间的冲撞构成宇宙”。然后是爱利亚学派的恩培多克勒提出“四根说”，认为世界万物由土、水、火、气四种元素组成。不过在他看来，这些元素本身不能运动，要靠“冲突”和“爱”两种力量通过分离和结合来使之构成万物。他把“冲突”和“爱”也视为物质性的，所以与四根加在一起又形成“六根说”。与恩培多克勒同时的阿那克萨戈拉，他不再用某一种或几种具体事物来说明世界万物的生灭变化，提出世界的本元是“种子”。“种子”是很小的物质微粒，有各种形式、颜色和气味，而且数量无限。他认为“种子”本身不能运动，要靠一种外在的物质力量来推动。他把这种力量叫做“奴斯”。

德谟克利特在以上诸说的基础上发展了原子论。他认为世界的本元是原子和虚空，一切事物都是由原子来构成的。原子是不可再分的、最小的、不可见的物质微粒。它没有空隙，不能被摧毁，在性质上是相同的，但在形状、次序和方位上有所不同。虚空不等于虚无，它和原子一样也是非常实在的存在，只是其特点是极其松散的，因此可以为原子的运动提供条件，成为原子运动的场所。他还提出“原子自身在运动”的思想。运动是原子固有的属性，原子在宇宙的虚空中急剧而零乱地运动，速度很快，因而彼此发生碰撞，形成“旋涡”，结合在一起就形成了世界上各种各样的具体事物。虽然其中充满了猜测和想象，但这是西方古代关于宇宙生成和物质结构的最完整的理论，对后世产生了重大的影响。

在古希腊的宇生观中，除了上述的物质“要素”理论之外，还有一些以“数”和“理念”等抽象概念来讨论宇生问题的学说。毕达哥拉斯是古希腊伟大的数学家，有以其命名的几何定理传世。可能正因为如此,他在对宇宙生成的看法上形成了其“万物皆数”的观点。他认为,由数目产生点,由点产生线,由线产生平面,由平面产生立体,由立体产生感觉所及的一切物体和四种元素:水、火、土、空气。这四种元素以各种不同的方式相互转化,于是创造出有生命的、精神的、球形的世界。同时,毕达哥拉斯学派还强调了矛盾或对立物之间的相互作用是“世界结构的动力原理”,只是把动力的源泉归结为“数中最主要的单双关系”。当时,该学派还提出了一个重要的假说,即地球和行星“均在自身的轨道上环绕太阳旋转”。这是后来“日心说”和“地心说”冲突的滥觞。

将“理念”当作世界本元的观点,可以追溯到爱利亚学派的巴门尼德和后来的苏格拉底,最为突出的是与苏格拉底有师承关系的柏拉图。《理想国》是柏拉图最主要的著作。为了对其理想中的等级制国家秩序做出佐证,柏拉图提出了有关宇宙万物生成的“理念论”。他认为,世界的本元不是原子,也不是其他有形的物质,而是精神性的“理念”。他所说的“理念”与人们通常说的“概念”有联系,但更具有一般性和根本性。他认为,个别的、具体的事物总是变化的、不完善的、虚假的和相对的,只有“理念”才是不变的、完善的、真实的和绝对的。在他的理念世界中,理念被分为许多等级,处于最底层的是关于具体事物的理念,往上是关于数学、几何方面的理念,再往上是关于艺术、道德方面的理念,越往上理念越完美,处于最高层、最完美的理念是“善”,一切处于较低层次的理念都要服从它。而掌握最高层“善”的应该是其理想国中处于统治地位的“哲学王”。

兼顾上述两种观点的是亚里士多德。他被称为百科全书式的思想家,著述甚丰,涉及逻辑学、修辞学、自然科学、心理学、伦理学、政治学、美学、哲学等许多领域，在所著《物理学》和《天学》中全面阐述了他的宇生观。他是柏拉图的学生，但不同意柏拉图的理念论。他认为，"理念"是一种与物质世界无关的莫须有的东西，根本不能用来解释世界。按照他的观点，任何事物要成立都必须有四种原因，即质料因、形式因、动力因和目的因。物质材料是事物的"物质来由"，所以叫"质料因"，也叫"物因"。但任何一种因果关系都既有物质的一面，又有形式的一面，而形式又有三个部分：第一部分是狭义的方面，可以理解为结构和型制；第二部分是导致变化的动因；第三部分是变化所达到的目的和结果。可以看出，他强调了事物形成和变化的物质基础，但同时也非常重视形式的作用，而且通过对三种形式的阐释，表明万物似乎都是有意志的，这最终导致他又回到了柏拉图理念论的理路上。只是按照他的说法，万物的形成和变化都要归结到不再有质料内容的所谓"一切形式的形式"的"第一推动力"上。在宇宙图景上，亚里士多德沿袭了米利都学派自阿那克西曼德以来的主张，明确提出地球处于宇宙的中心，其他天体围绕地球永恒地做匀速的圆周运动，地球由土、水、火和空气构成，其他天体由以太[①]构成。在这种观点的基础上，古希腊天文学家和数学家托密勒构建了"地心说"体系，后来与基督教的宇生观结合起来，在欧洲整个中世纪处于统治地位。

---

① 以太一词是英文 Ether 或 Aether 的音译，是古希腊哲学家亚里士多德设想的一种物质，是物理学史上一种假想的物质观念，其内涵随物理学发展而演变。

二、现代科学对宇生图景的探索

要了解现代科学对宇宙生成图景的探索，还需要从基督教的宇生观说起，因为科学是挣脱了迷信的束缚才发展起来的。基督教的宇生观，简而言之，“全能的上帝创造了万事万物”。《圣经》开篇《创世记》讲的就是上帝用七天时间创造了世界的故事。

基督教本来是古犹太教中的一个派别。历史上犹太民族多灾多难，先是亚述、巴比伦的入侵，后来是希腊、罗马的征服。早期的基督教主要是在犹太民族被压迫、被奴役和被罗马征服者驱散的人群中传播，他们希望有救世主来帮助脱离苦难。年轻的传教士耶稣，因宣传世界末日和上帝之国的到来，被罗马总督当作颠覆者钉死在十字架上。由于以身殉道表现出的牺牲精神和悲天悯人的情怀，耶稣被广大教众看作是上帝之子，是引导他们进入天国的救世者。

随着基督教影响的日益扩大，当权者和社会上层人士陆续渗入其中，逐渐使基督教成为一味讲究博爱，主张逆来顺受，消解社会冲突和维护统治秩序的精神工具。《圣经》中的《新约全书》所讲述的大多是这类故事。在此过程中，教会的一些学者主要是利用古希腊柏拉图理念论中的神秘倾向也称新柏拉图主义，结合《圣经》故事，来阐释和制定基督教教义和神学理论。其中影响最大的是著述颇丰的奥古斯丁。关于宇宙的生成，奥古斯丁认为宇宙是由上帝从无到有创造出来的，时间和空间这两个人们能够直接感知的宇宙之维，是上帝创世之后才有的，上帝本身不在这两维之内。这种学说更加具有神秘性，有利于巩固人们对上帝创造世界的信仰。

起初，罗马帝国的统治者对基督教采取镇压和迫害的政策。当基督教的影响扩大并变得符合统治者需要，加之在被征服的欧洲各地各有神灵而需要统一信仰的情况下，统治者开始承认其合法地位，并将其确定为国教。至此，基督教也就开始凭借国家政权的力量，由古犹太教的一个派别变成了覆盖整个欧洲的大一统的宗教。后来日耳曼人南侵，罗马帝国覆亡，入侵者对基督教也曾采取镇压的态度，使其在很大程度上被摧毁。但入侵的日耳曼人尚处于氏族社会的晚期，在文化上远远落后于罗马帝国，这就出现了在我国历史上也曾多次有过的征服者在文化上被征服的情形。日耳曼人在推翻罗马帝国的过程中建立了众多的封建国家。这些国家的统治者在政权的争夺中，又转而希望得到罗马教会的支持，夺得政权之后往往要请教皇予以加冕，以表示其合法性和神圣性，以至造成了神权高于王权的局面。

在整个中世纪的欧洲，由于教会的统治，原先的教会神学发展为经院哲学。托马斯·阿奎那是其中突出的代表，所著《神学大全》被奉为教会的经典和无可置疑的权威。托马斯·阿奎那主要是利用古希腊亚里士多德关于质料和形式的因果论中偏向神学的一面，如“第一推动者”“终结原因”“最高目的”等观点，来证明上帝的存在，世界由上帝所创造，从而把理性纳入了神性的樊笼，让科学变成了神学的婢女。相应的关于宇宙生成的图景，亚里士多德和托勒密的“地心说”，也就和“上帝创世说”捆绑在一起，成了支撑宗教神学的基石。直到中世纪末期，由于害怕动摇这样的基石，教会对波兰天文学家哥白尼提出的“日心说”进行严厉封杀，将宣传这种学说的意大利科学家布鲁诺烧死在火刑柱上，对深化和证明这种学说的意大利物理学家、天文学家、哲学家伽利略施以高压,强迫其“悔过”。

到中世纪末期,起始于意大利的文艺复兴,发展了古希腊的理性思维方式,不断打破神学的桎梏,推动科学日渐走向昌明。被称为“文艺复兴时代巨人”的伽利略,不论通过改进望远镜以实际的观测证明了“日心说”的正确,还通过大量的实验获得了一系列科学上的认知。他发现和总结出了运动的惯性定律、自由落体定律、合力定律,并提出了运动的相对性原理。伽里略虽然曾因为教会的压力而表示放弃“日心说”,但他的著述特别是通过实验来探索科学的方法在欧洲产生了广泛而深远的影响。

近代以来,将动力学和数学推向高峰,贡献最大的是英国科学家牛顿。他以伽利略的实验和判断为基础,提出了著名的“万有引力”学说。按照万有引力学说,物质的任何两个粒子之间都存在着引力,且该引力与两个粒子质量的乘积成正比,与距离的平方成反比。以此推算,天体中的行星及其卫星连同彗星的运动,都可以进行精确的计算和解释,从而使天文学有了比较完整的科学描述,同时也表明人类已经找到通向宇宙的“数学钥匙”。这些都有赖于牛顿的研究。但是,由于经院哲学仍占据着统治地位,使牛顿最终未能跳出“神创说”的藩篱,将万物的运动归结为来自上帝最初的推动。

时至19世纪末和20世纪初,西方对宇宙生成问题的探索有了更进一步的发展。德国科学家爱因斯坦提出了著名的“相对论”学说,以此解释了前人未能解释的宇宙问题。他在《论动体的电动力学》中提出后来被称为“狭义相对论”的理论。狭义相对论认为,时间和空间因物质及其运动而发生变化,而且时间和空间相互联系、彼此影响。以一定速度运动着的物体在空间上会沿着运动的方向按一定比例缩小,而时间会按照这个比例延长,即运动物体的“尺缩”和“钟慢”效应是相互伴生和互为补充的。这在人们日常生活的低速运动的环境中是很难感知和理解的,但在高速运动尤其是接近光速的情况下,这种效应是很明显的。中国古人说“洞中方七日,世上已千年”,大概是出于直觉智慧的想象,而狭义相对论为此提供了科学的说明。以此为基础,爱因斯坦推导出了著名的质能方程式:$E = mc^2$(E 表示能量,m 表示质量,c 表示光速)。从而把质量与能量联系起来,质量可以看做是能量的一种存在形式。

由于狭义相对论尚未涉及加速度和引力问题,爱因斯坦进一步提出了“广义相对论”。广义相对论认为,任何情况下时间和空间参考系都不可能是脱离物质运动的抽象框架,只要存在物质运动,时间和空间就将被弯曲,因此,引力场方程不再服从平直的欧几里德几何,而是服从非平直的黎曼几何。物质的分布决定了时间和空间的特性,引力场分布正是从时空的曲率张量中反映出来。在广义相对论看来,时间和空间的联系不再是外在的联系,而是与物质及其运动相关的内在联系,其各自的变化也不再是截然分开的,而是相互制约的。

随着理论上的不断突破和观测工具的日益改进,人们对宇宙的认识由太阳系扩展到银河系,再由银河系扩展到河外星系。宇宙是如此浩渺,天体的距离要以光速来计算。大多数肉眼可见的恒星与地球相距都有几百光年。现在知道,肉眼可见的恒星约有5000 颗,这只占我们所在银河系中所有恒星的百万分之一。银河系只是现代望远镜能够看到的1000 多亿个星系中的一个,而每个星系又平均大约有1000 颗恒星。发现河外星系要归功于美国天文学家哈博,更重要的是他在观测中还发现大多数星系都呈现出红移现象,而红移的大小不是任意的,它与星系同我们的距离成正比。这意味着不同星系之间的距离在增加,宇宙在膨胀。这与爱因斯坦的理论推导出的结论是一致的。沿着这样的思路,加之宇宙背景辐射等观测事实的发现,追根溯源,大爆炸理论成为现代宇宙学的主流认识。

在现代物理学的重大成就中,可以与相对论相比肩的是“量子论”。前者主要着眼于探索宇宙的宏观图景,后者主要着眼于揭示宇宙的微观情形。现代物理学在继承古希腊哲学家关于万物由微粒构成的思想的同时,打破了原子作为不可再分的终极粒子的观点。经过科学家长期不懈的实验和研究,现在我们已经知道:物质由分子构成,分子由原子构成;在原子内部有电子和原子核,在原子核内部有质子和中子;比质子和中子更细微的还有夸克。这些都被称为基本粒子。基于对原子世界基本粒子的研究,科学家们提出了量子理论。

德国物理学家普朗克在研究黑体辐射时,首次提出“能量子”的说法,即物体在辐射或吸收辐射时,能量的变化是间断的,而不是连续的,他把能量的最小单位叫做能量子。对于光的形态,科学界一直有不同看法。在牛顿看来,光是一种微粒。麦克斯韦则认为,光是电磁波,以波动的方式传递。爱因斯坦在研究光电效应时,发现光携带的能量是间断的,提出了光量子的概念,简称光子。由此肯定了光的微粒性,但由于光量子是电磁性的,所以不能排除其含有波动性的特征。法国科学家德布罗依则反过来从电子推想到微粒的波动性,并提出了“物质波”理论,认为物质都有波动性,这样就将波粒二象性推广到了所有基本粒子。

研究还发现,微观粒子与宏观物体不同的是,其运动没有稳定的轨道,因此根本无法预言某个粒子会在某个时刻出现,而只能说在某个位置上出现的概率有多高,量子世界是概率的世界。为此,德国科学家玻恩认为,对量子力学只能进行统计性解释,而这是由微观粒子的特性决定的。根据这样的特性,德国科学家海森伯提出"测不准原理",即在观测微观世界时,对一些成对的物理量,不可能同时具有确定性,如在位置确定时,速度不能确定,在时间确定时,速度不能确定,一个量的精确测量,要以放弃对另一个量的精确测量为前提。海森伯还指出,观测微观粒子与观测宏观物体相比,前者会受到"扰动",而后者则不会。这是因为,观测一定要有光源,当光子照到宏观物体时其作用可以忽略不计,但照到像电子这样的微观粒子时就可能改变其位置和状态。这就导致了在观测微观粒子时得到的只是其被"扰动"后的状态,至于其不受"扰动"的本来情况如何,是无法确知的。

对于将广义相对论运用于宇宙学而形成的"大爆炸宇宙论",英国物理学家霍金认为,这必然导致在过去某一个时刻整个宇宙被挤压为零尺度的一点,其时,宇宙的密度和时空曲率为无穷大,这也就是所谓的大爆炸时刻(大约137亿年以前)。由于这是一个数学所不能应付的无穷大数的"奇点",广义相对论对此也变得无能为力了。大爆炸理论曾成功地解释了大爆炸后 10^{-2} 秒直到现在的宇宙演化图景。为了进一步探索大爆炸的起始情形,美国科学家固斯等人提出"暴胀宇宙论",认为早期宇宙可能经历过一个非常快速的暴胀期,在此期间宇宙尺度随着时间指数而猛烈增长,直到将宇宙时间追溯到 10^{-35} 秒。尽管这仍不能说明最初的时间和空间是如何产生的,但这已经进入了量子力学研究的时间和空间的尺度，在这里适用的将是量子力学的波粒二象性和测不准原理。于是，霍金致力于研究将描写宇宙大尺度的广义相对论与处理极微小尺度的量子力学结合起来的“量子引力论”，并写成了著名的《时间简史》等著作。他提出了“虚时空”的概念，并将无边界作为宇宙的边界条件，以求解宇宙波函数。其方法是将虚时间中的宇宙波函数与实时间中的暴胀期物质波函数通过时间变量的解析延拓联系起来，在虚时间与实时间的交接处形成最初的实时间；由于实时间与实空间是紧密联系的，最初的实空间也就形成了。当然，与虚时间相联系的是虚空间，实时空由虚时空转化而来。为了使“宇宙的边界条件是它没有边界”的说法好理解，霍金举了地球的例子，如果我们在地球表面沿着某个方向前进，在前进中永远不会遇到一个不可逾越的边界，因为地球表面是圆的，而我们行走的地方正是地球的边界。只不过地球表面只有两维，而宇宙时空还要多出两维，因此，上述的情形应该能够想象。但是，既然宇宙有起点，那就也可能要有终点。这里所说的宇宙是指目前观测所及的宇宙，在这个宇宙之外还有着表现为虚时空的更大的宇宙。正如暴胀宇宙论中所说的只是一个宇宙泡发育成的小宇宙，而宇宙中还有无限多个这样的宇宙泡，每个宇宙泡都会发育出小宇宙，宇宙总归是无限的。霍金作为当代最杰出的宇生论者，其黑洞辐射理论已经被广泛接受。在他本人看来，更重要的是其关于宇宙的边界条件是没有边界的设想，还有待于科学进一步的证实。

以上简要概括了主要从西方发展起来的现代科学对宇宙生成图景的探索，从中可以明显地看到其与中国古代典籍《易经》尤其是《老子》中的宇生观在本质上的契合。关于这种契合，美国物理学家卡拉普在所著《物理学之“道”》中有过深入阐述，中国有学者以该书的副题“现代物理学与东方神秘主义”为书名作过简要介绍。下面择其要者以作申说。

《老子》说“道可道，非常道”，是说“道”的不可言说性和无限性。这可以使人联想到海森伯提出的“测不准原理”。《老子》说“道法自然”，是说“道”依照自然而然的样子运行，它本身就是它存在的原因，不需外力的创造和推动。这可以使人联想到爱因斯坦说“我无法想象一个人格化的上帝”，又说“我对宇宙和谐中难于理解的奥秘保持绝对谦卑”。《老子》说“道生一，一生二，二生三，三生万物”，是说“道”起初表现为混沌一片的整体性，可以看作是“一”；“一”在运行中包含并分化出既对立又依存的两个方面，可以看作是“二”；“二”在运行中又聚合成与原有的两个方面既联系又不同的第三种事物，可以看作是“三”；所有事物都是这样生成的，所以说“三生万物”。

这里要着重讨论的是“二生三”。无论虚时空如何转化为实时空，宇宙大爆炸肯定是相反的力造成的，“反者道之动”。可以想象，当宇宙的密度浓缩到无限大，方向相同的引力转化成了方向相反的斥力，大爆炸发生了，这是“一生二”。大爆炸产生巨大的能量和极高的温度，这使早期的宇宙是基本粒子的世界。而每种粒子都有与其所带电荷以及其他属性都正好相反的反粒子，当反粒子与粒子相遇时会湮灭。按照暴胀理论，大爆炸后的1秒钟，宇宙已经膨胀到可以使温度降到大约100亿摄氏度。这是氢弹爆炸能够达到的温度，大约是太阳中心温度的1000倍。其时，多数电子会与其反粒子相遇而湮灭，剩下相对少的电子。大爆炸后大约100秒，宇宙的温度降到10亿摄氏度，也就是最热恒星的内部温度。其时，引力又开始上升，质子与中子会聚合成原子核，这是“二生三”。此后经过100多万年，宇宙温度降到几千摄氏度，其时，电子与原子核开始结合成原子。随着宇宙的继续膨胀和冷却，形成星系、星云、恒星、行星和卫星等天体。太阳大约在50亿年前由旋转的气体云形成，在此过程中，其周边的少量重元素集聚在一起，形成像地球这样的围绕太阳公转的行星。地球逐渐冷却下来，在地球上逐渐形成植物、动物乃至人类这样的高级生命形式。无论具体情况是多么复杂和多样，其间贯穿的无非是“二生三”的过程。《老子》说“万物负阴而抱阳，冲气以为和”，是说任何事物的生成莫不是对立的双方在冲突中达成和谐。这是中国古代哲学家的直觉智慧，而现代科学以精确的实验和严格的逻辑推理，已经并继续在为“冲和论”或者“三生法”提供有力的佐证。

第三章 “二分法”的缺陷与完善

由于《易传》和后世儒家学者对宇宙万物阴阳二分看法的长久影响，加之西学东渐以来对西方哲学中关于矛盾斗争性的汲取并以为印证，人们普遍认为世界万事万物都是“一分为二”的，即任何事物在任何时候和任何地方都必然分成矛盾的两个方面。现在看来，凡事物皆有“二分”是对的，但仅有“二分”对事物的生成和演化的概括是不完整的。

一、“二分法”的必要与缺陷

中国古人大约是看到时间可以分为昼夜，一切有形的事物都可以分为光和影两个方面，于是就用阴阳来形象地概括和描绘这种状况；同时还看到人可以分为男女，动物可以分为雌雄，连抽象的事物都莫不可以“二分”，情感可以分为爱憎，道德可以分为善恶，观感可以分为美丑，等等，于是就将阴阳这样的概念推而广之，用来概括宇宙间的万事万物。可能正是因为如此，有人说中国人的传统思维是取象思维。其实人类早期都有这样的情况，如古希腊人也看到了凡事物都可以“二分”，不过他们没有用阴阳这样的概念进行概括，而是用了作为战争武器的矛盾这样的概念。对于事物分为两面，用矛盾来概括，显然更直观更形象，事物两面的对立性也更明显。

在中国古代，矛盾这一概念出自《韩非子》中所讲的“自相矛盾”的寓言故事，与如今人们对矛盾这一概念的理解和运用并不完全相同。在当下中国的哲学语境中，“矛盾”早已取代“阴阳”，指凡事物必然并永远分成斗争着的两个方面。

众所周知，毛泽东在所著《矛盾论》中对矛盾学说做了深刻而通俗的阐述，使之成为既便于理解又简单易行的哲学方法。该论授主要针对当时中国革命中存在的教条主义倾向，意在从哲学的高度来扫除这样的思想障碍。文中从宇宙观入手，讲了矛盾的普遍性，以较多的篇幅强调了矛盾的特殊性，对一切都要照搬苏联经验和从已有的本本出发的教条主义起到了釜底抽薪的作用，并且作为其认识论著作《实践论》的姊妹篇，从矛盾学说的角度，进一步阐明了其力倡的“实事求是，一切从实际出发”的思想基础。同时，该论还讲述了主要矛盾和主要矛盾方面。所谓主要矛盾，是指两个或两个以上矛盾存在，其中总有一个起主导和决定作用，其余则处于次要和从属地位。在分析和处理错综复杂的矛盾局面时，一定得分清主次，抓住主要矛盾，一切问题就可以迎刃而解，否则会茫无头绪，或者无从下手，或者把局面搞得更糟。所谓主要矛盾方面，是指在任何矛盾中，一定有主要方面和次要方面之分，而事物的性质是由矛盾的主要方面决定的。在解决矛盾时，抓住主要矛盾之后，还要注意弄清矛盾的主要方面，以便能够准确把握事物的性质。而主要矛盾和次要矛盾、主要矛盾方面和次要矛盾方面，都不是一成不变的，随着矛盾过程的展开会发生转化和易位。因此，必须随时注意分析和抓住主要矛盾和主要矛盾方面，推动事物的性质发生变化，使矛盾得到不断解决。该论在阐述这一点时，所例举的主要是当时中国面临的民族矛盾和社会矛盾。用现代系统理论的观点来看，任何事物都是由包含多种因素的一个或者多个系统构成的。事物是复杂的，即使是最简单的事物，只要扩大一个范围或者深入一个层次，都会变得复杂起来，而各种复杂因素又往往是相互关联和相互影响的。由于《矛盾论》的概括和阐释，面对这种状况时，不论是在社会领域，还是在其他任何领域，分析和抓住主要矛盾和主要矛盾方面，几乎成为人们在讨论问题时约定俗成的无须解释的语言工具，也几乎成为人们在解决实际问题时普遍运用的最简便也最能够直指关键的思维方法和工作方法。

“一分为二”“二分法”或者“两点论”，是矛盾学说的通俗表达。在《矛盾论》中并没有使用这样的说法，但其论述框架的确一直是“二分”的，如两种宇宙观，矛盾的普遍性和特殊性，主要矛盾和次要矛盾，矛盾的主要方面和次要方面，矛盾的斗争性和同一性，矛盾斗争的对抗性和非对抗性，等等。说到“一分为二”，在历史上也并非没有渊源。庞朴在研究中指出，在中国学术史上，这一说法发端于《周易·系辞传》中所说的“分而为二以象两”，隋代的杨上善所著《黄帝内经·太素注》中的表述接近成形，说“一分于二谓天地”。庞朴还特别谈到一分为二“使用频率最高的时期，大概是20世纪50年代以后。”①的确自那以后，人们在分析问题时，大概是言必称“一分为二”，称“二分法”了。

这里必须指出，“二分法”是必要的。《易经》将世间万物分为阴阳两个方面，《易传》说“易有太极，是生两仪”，《老子》说“道生

① 庞朴：《一分为三论》，上海：上海古籍出版社2003年版，第3页。

一，一生二”，古希腊哲学家也认为世间万物都可以分为对立的两个方面。人类在认识和描绘世界时，大到宇宙，小到基本粒子，作为对象，首先要确定“一”。这可以说是认识的开始，但也只是确定了认识的对象，而对象究竟是什么样子，只能说是模糊不清、混沌一片。如果仅仅停留在这样的“一”上，那就等于什么也没有说，什么也没有认识。只有将认识对象分为阴阳，分为矛盾的两个方面，才变得可以言说，可以描绘，可以认识。应该说，只有从“一”到了“二”，有了“一分为二”，有了“二分法”，人类才真正开启了认识世界的大门。人们从此看到，同一事物分为对立的两个方面，这两个方面既相区别又相联系，既相反又相成，既相否定又相肯定，既相排斥又相吸引，既相依存又相转化，正是这样的状况，使世界万物本身包含着内在的动力，使一切变化和衍生成了有源之水和有本之木，于是宇宙生成和演化为一幅活生生的图景。正如黑格尔在其《逻辑学》中所说：“矛盾是一切运动和生命力的根源；事物只因为自身有矛盾，它才会运动，才具有动力和活力。”[①]这就是“二分法”的必要乃至伟大之处。

我们还必须认识到，“二分法”存在着明显的缺陷。

前面已经谈到，把矛盾学说简化为“一分为二”和“二分法”，并不是由于《矛盾论》直接使用了这样的表达，而是人们很可能根据其论述框架以及论述中所包含的倾向，并且借用了古已有之的一种说法来理解和运用的结果。

《矛盾论》开宗明义地谈道：“事物的矛盾法则，即对立统一法则，是唯物辩证法的根本法则。”[②]应该说这已经明确指出，事物不

---

① 黑格尔：《逻辑学（下卷）》，北京：商务印书馆 1976 年版，第 66 页。

② 《毛泽东著作选读（上册）》，北京：人民出版社 1986 年版，第 137 页。

仅有“二分”,还有“二分”之间的“统一”。这里需要对“统一”和“同一”略作辨析,因为这两个概念在哲学表达中往往通用或者混用,在《矛盾论》后来的阐述中用的就是“同一”而不是“统一”。在这一点上,庞朴有一个很好的界定,认为“同一在于性,所回答的是对立何以或为何不可分离的问题;统一归于体,所回答的是对立如何或怎样不可分离的问题。”[①]对此,可以做这样的理解:由对立的两个方面构成事物,两个对立的方面有着不同的特性,否则无法区分为两个对立方面,同时在两个对立的方面中又包含着相同的特性,否则便不可能构成事物的统一体;而统一体中的两个对立的方面可以区分,但不可以分离,否则统一体将不复存在。进一步概括,“对立统一”可以理解为:矛盾双方由于在不同特性中包含着相同特性而构成了统一体。

可见,对立性和同一性都是事物构成矛盾所不可缺少的。以下着重讨论矛盾的“同一性”问题。庞朴在做上述界定时,已经注意到马克思在运用黑格尔对立统一方法分析商品的生产和消费时对其中所包含的同一性的强调:(1)直接的同一性:生产是消费,消费是生产。(2)每一方表现为对方的手段,以对方为媒介,这表现为它们的相互依存……没有生产就没有消费,没有消费就没有生产。(3)两者的每一方当自己实现时也就创造了对方,把自己当作对方创造出来。……消费完成生产行为,……生产产出消费。[②] 同时,他还注意到了《老子》中类似的表达:(1)故有无相生,难易相成,长短相形,高下相倾,声音相和,前后相随。(《老子·二章》)(2)曲则全,枉则直,洼则盈,敝则新,少则得,多则惑。(《老子·二

---

① 庞朴:《一分为三论》,上海:上海古籍出版社 2003 年版,第 9 页。

② 《马克思恩格斯全集》,北京:人民出版社 2008 年版,12 卷,第 743 页。

十二章》)(3)故《建言》有之,明道若昧,进道若退,夷道若类,上德若谷,大白若辱,广德若不足。(《老子·四十一章》)这样的引述表明,马克思乃至中国古代的老子在谈论这个问题时,都是从三个层面入手的:一是直接的同一性;二是相互依存;三是相互转化。马克思首先讲了直接的同一性,然后是相互依存,再然后是相互转化。老子则首先讲了相互依存,然后是相互转化,最后是直接的同一性。

以此为对照,《矛盾论》的相关表述有着明显的不同。该论认为,矛盾的同一性可以归纳为两种情形:“第一,事物发展过程中的每一种矛盾的两个方面,各以和它对立着的方面为自己存在的前提,双方共处于一个统一体中;第二,矛盾的双方,依据一定的条件,各向着相反的方面转化。”[①]其中讲到了矛盾双方的相互依存和相互转化,而没有讲到直接的同一性。其实,如果对矛盾的具体特征加以抽象,直接的同一性就应该是指对立双方不同特征中所包含的共同特征。讲不讲这一点是重要的,因为这关系到对立双方是否能够构成矛盾。比如,就矛盾这样的事物本身而言:它们相互依存,没有矛就无所谓盾,没有盾就无所谓矛;它们相互转化,矛可以用于防御,盾也可以用于进攻;矛和盾都是武器,这是它们的共同特征,也即直接的同一性。如果它们不是被当作武器用于战斗,它们之间将无所谓相互依存和相互转化,甚至连“矛盾”也将不复存在。再比如,阴阳原本是指光照中事物的阴面与阳面,假如是一个天生的盲人,压根儿就不知道光照是怎样一回事,所谓阴和阳的相互依存和相互转化,对他来说是没有意义的。

① 《毛泽东著作选读(上册)》,北京:人民出版社 1986 年版,第 168 页。

《矛盾论》在谈到矛盾的斗争性和同一性时,认为斗争性是绝对的,而同一性只是相对的,并得出结论:“有条件的相对的同一性和无条件的绝对的斗争性相结合,构成了一切事物的矛盾运动。”①由于对斗争性如此强调,以至于在人们的理解中形成所谓的“斗争哲学”。到20世纪50年代中期,有学者提出“合二而一”作为对“一分为二”的补充,以求对辩证法的基本规律“对立统一”全面理解和把握。

将矛盾的斗争性看成是绝对的,同一性看成是相对的,来自列宁在《谈谈辩证法问题》中提出的主张:“对立的统一(一致、同一、合一),是有条件的、一时的、暂存的、相对的。互相排斥的斗争则是绝对的,正如发展、运动是绝对的一样。”②“斗争”这样的概念,如前述的在古希腊哲学中已经被使用,大约像矛盾一词一样是源于对人们军事活动的描写,然后用于政治、经济以及思想活动,借用到哲学表述中难免带有较多的主观的有意识的排他色彩。列宁和毛泽东作为革命领导者,身处阶级矛盾和民族矛盾都异常尖锐的历史年代,要夺取政权和完成社会革命,强调矛盾的斗争性,反对任何可能导致失败的妥协和退让,时势使然,是不难想象的。但是,人类社会并不总是处于剧烈冲突之中,还有很多时候处于和平的状态。何况作为一种哲学概念,还须顾及自然现象。自然现象是不带有任何主观的有意识排他的倾向的,如果要说“斗争”,那也只是一种拟人的说法。

关于矛盾的斗争性和同一性,后文还要深入研讨,这里要着重探讨的是,仅以“二分法”能否完整概括事物演进的辩证过程。在探讨这个问题之前,有一点必须厘清,在不少情况下人们说要用

① 《毛泽东著作选读(上册)》,北京:人民出版社1986年版,第175页。
② 《列宁选集》第2卷,北京:人民出版社1972年版,第173页。

“二分法”看问题，所强调的是要从正反、好坏、利弊、得失等两个方面来看问题，防止片面性和抓住一点不及其余，以全面客观地看待事物的本来面目。从这个意义上说，坚持“两分法”无疑是正确的，因为这实际上要求兼顾事物的两面，是执两用中。关于这一点，后文中也要谈到。而这里要探讨的是，在概括事物演进的过程时，仅有“分”是否就够了，还需不需要有“合”？前文谈到宇宙大爆炸理论，该理论认为：我们所在的宇宙有一个开端，物质因引力而聚合成一个质点，这是一个“合”的过程；当引力大到足以转化为斥力时，大爆炸发生了，这是一个“分”的过程；大爆炸之后，当温度降到一定程度，物质在强力、电磁力和引力的作用下，开始聚合成质子、中子、电子、原子、分子，形成恒星、行星、卫星等天体，这又是一个“合”的过程。目前宇宙仍在膨胀之中，斥力（包括天体自转形成的离心力）在整体上大于引力，是一个“分”的过程，而新天体的形成则表明在“分”的过程中已经有“合”；当引力在整体上大于斥力，“分”的过程结束，宇宙将再次走向聚合，“合”到一点，最终归于消灭；当斥力在整体上大于引力，就会开始新的大爆炸。我们所在的宇宙之外还有无数个宇宙，有的生成了，有的消灭了，所有宇宙就是这样一幅不断生成和消灭的图景。其中，无非是宇宙事物的分与合，分中有合，合中有分，分分合合，循环往复。再看人类：中国古人认为，天地交合而生人。人的确是在天上的阳光和地上的水以及其他物质的交互作用下，从低级生物到高级生物逐步进化而来的。人是会思维、会说话、会制造工具的高级生物，但这只是区别于其他动物的一个总的概念，可以说是“一”。就性别而言，人分为男人和女人，这可以说是“一分为二”。然而，就人的生命现象而言，绝不能到此为止，男人和女人必须结合而生成下一代；下一代还要分成男人和女人,男人和女人又要结合生成下一代。从“一分为二”到“二合为三”,可以说是人类生命链条上的一个完整的环节。远到宇宙,近到人类,莫不是有分有合。“二分法”只讲“分”不讲“合”,无法概括事物演化的完整过程。

二、“三”是事物的本元构造

我们可以用多种数字来表达事物的关系,但只有“三”可以用来概括万事万物的完整的本元构造。应该注意,这里使用的概念不是“本原”而是“本元”。因为前者通常用来指称哲学上的唯物还是唯心,认为物质为本原的归于唯物,认为精神为本原的归于唯心,对此这里不作深论。这里要探讨的是事物的构造,用“本元”来指称。所谓本元构造,是指事物构造上最基本的的状况,无论多么庞大和复杂,也无论多么细小和简单,其构成要素既不能少也不能多。少了,事物在构造上就不完整;多了,事物在构造上则还可进一步简化直到不影响其完整性为止。能够表达这种状况的数字只有“三”。

数在人类文明肇始时就受到了关注。前面谈到,毕达哥拉斯学派认为万物莫不是由数派生而来。在我国古代也有易学中的象数论者,认为世间事物都是由数决定的。此类看法都未免夸大了数的意义,但数既是客观事物中不可或缺的一种关系,也是人脑对这种关系的规定和概括,没有数人类将很难认识和把握世界。数有自身的性质和规律,人们对数的研究早已成为一门博大精深的学问。

先说自然数的性质。司马迁曾说过“数始于一,终于十,成于三”。任何数都要从“一”开始,这是人们不证自明的约定。而世界各地的人群所规定和使用的自然数都是十个,这大概也是“近取诸身”,因为人有十指,所以无不如此;而十进制在全世界通用,这肯定是为了计算上的方便,如我国的秤曾用十六两作一斤,计算颇为麻烦,故弃之不用。重要的是,为什么说数“成于三”?庞朴对此有精到的理解。依照通常的说法,将自然数中的单数称为奇数,双数称为偶数。于是,“一”是奇数,“二”是偶数,“三”又是奇数,“四”又是偶数,往后可以类推。但要认真分析,可以看到,“一”可以称为纯奇数,“二”可以称为纯偶数,“三”则包含“一”和“二”,既非纯奇数也非纯偶数,而是奇数和偶数的综合。如果只是“一”,数是无所谓奇偶的;只到“二”,数是无所谓奇偶综合的。从自然数的性质上看:孤立的“一”,没有比较,无法定性;到了“二”,虽然可以有奇数和偶数之分,但还不完整,因为尚无奇数和偶数的综合;只有到了“三”,才既有奇数、偶数之分,又有奇数和偶数的综合,所以说数“成于三”。如果再往后推,还可以看到,凡大于“三”者,无非是奇数、偶数、奇数偶数的综合,这三种情况已经能够概括所有自然数的性质。[①] 换句话说,即使将凡大于“三”的数全都略去不顾,也不影响我们对自然数所具有的三种性质的认识。所以就自然数的全部性质而言,“一”是本元,“二”也是本元,但都不完整,只有到“三”才构成了完整的本元。至于“四”“五”“六”乃至更大的自然数,由于其性质已经在“一”“二”“三”中包含了,所以谈不上是本元。

在数学中,“三”作为完整本元的情况所在皆是。最基本也最

---

① 庞朴:《一分为三论》,上海:上海古籍出版社2003年版,第88~89页。

简单的加、减、乘、除,都至少要有三个数。加数、被加数、和数,减数、被减数、差数,乘数、被乘数、积数,除数、被除数、商数,缺一不可。当人们将对自然数的认识倒推到负的方向,发现在正数和负数之间必须有一个零,就性质而言,它既非正数也非负数,而是正数和负数得以划分的界线。在代数中,由两个已知数可以求出一个未知数。在函数中,纵座标加横座标可以描绘出一条函数线。在高等数学中,有微分,有积分,还有将两者综合起来的微积分。在几何学中,有点、线、面,两点成一线,两线成一角,长宽成一面;圆点加半径可以成圆;长宽加高可以成立方;力学中三角形最稳定,杠杆作用需要重点、力点、支点;物体运动,在长宽高中构成空间,加上时间,会形成时空曲率。如此等等,无不可以归结为数“成于三”。

其实不止是数,色彩和声音也是如此。在色彩中,我们说赤、橙、黄、绿、青、蓝、紫七色,还可以加上一些中间色,成为十二色、十五色等,但最终可以归为红、黄、蓝三原色。三者不能少也不能多,少了则无法构成丰富多样的色彩,多了则一定不再是原色。在音乐中,中国古代将音阶定为宫、商、角、徵、羽五音,现代音律将音阶定为1、2、3、4、5、6、7七音,其中4、7是半音。这似乎与“三”作为本元构造没有关系,但凡有音乐常识的人都知道,任何一段乐曲都必须由音阶、音节、音调三个要素来构成,否则便无法形成旋律,更不必说乐章。

客观事物由主观思维来反映,研究语言和思维规律的形式逻辑也表现出“三”的构造。除了大前提、小前提和结论这样的三段式不说,传统的形式逻辑千百年来一直以真假二值对命题进行分析，但到20世纪前期遭到了质疑，波兰逻辑学家卢卡西维奇提出三值逻辑。所谓三值逻辑，是指在真假二值的基础上协同研究同一命题“可能态”的形式逻辑。比如，在“我在华沙”和“我不在华沙”这两个相互矛盾的命题之间，卢卡西维奇又举出了“明年12月21日正午我在华沙”的这一“可能态”命题，使形式逻辑理论研究取得了重大进展，并由此接通了通往辩证逻辑的桥梁。甚至连人类所创造的最具形而上意义的宗教都离不开“三”，基督教中有圣父、圣子、圣灵三位一体，佛教中有佛、法、僧三宝，道教中有元始天尊、灵宝天尊、道德天尊，一气化三清。

数字、色彩和声音，大体是人们感知世界的三个要素，三值逻辑则可以使逻辑分析正确对应客观存在，而宗教信仰中的三位、三宝、三清等，可以使精神世界显得深邃、神圣和完整。要弄清事物的本元构造，最有力的依据还要到事物内部最精微处去寻找。

300年前，英国科学家波意耳提出了化学元素的概念。100多年前，俄国科学家门捷列夫从已发现的元素中总结出规律性并制成了元素周期表，从而使人们认识到所有物质都是由元素组成的，每种元素都有相同性质的原子。此后，科学家通过实验发现了电子、质子和原子核。20世纪30年代，科学家陆续发现了中子、正电子和几种粒子。到50年代之后，通过高能加速器，科学家们又发现了大批粒子。

问题是：在已发现的数百种粒子中，哪些是更基本的？它们之间有怎样的联系？根据现代物理学最新研究成果，物质最小的构成单元不再是分子、原子，也不是原子核和质子，而是夸克、轻子和传播子。当然，这并未穷尽物质的内在层次，但它们是迄今为止科学家所发现的更为基本的粒子。需要注意的是，在如此深入的层次上的基本粒子的构成竟然还是“三”。科学实验和研究表明，这些基本粒子在四种力的作用下运动。这四种力分别是引力、弱力、电磁力和强力，它们在物质的不同层次上和不同距离范围内发挥作用。引力和电磁力是人们所熟悉的，而弱力和强力在通常情况下无法观察到，它们在很小的距离范围内的粒子之间的相互作用中才显示出来。弱力在中子及其他一些粒子衰败中出现，其强度大于引力，但比电磁力弱得多。强力是夸克之间发生的作用力，强度最大，使夸克组成强子。对于这四种力，爱因斯坦曾提出把它们统一起来的设想，并用了后半生的精力进行研究，可惜未能实现。后来的研究表明，在四种力中，弱力并不像通常意义上的力，而是发生在轻子之间和强子衰败过程中的一种作用力，是电磁力在高温中的一种表现，弱力作用和电磁力作用可以用同一个数学描述统一起来，由此形成了“弱电理论”，将宇宙间的四种基本力归结为三种基本力。20 世纪 50 年代至 60 年代初，科学家进一步探索强子内部结构的组合规律，发现了有五种夸克存在，分别称为上夸克、下夸克、奇异夸克、粲夸克、底夸克，按照对称性原理，还推测出应该有第六种夸克，虽然尚未证实，但已取名为顶夸克。对我们的立论而言，尤为重要的是，已知的数百种强子，都由三个夸克组成。比如，中子由两个下夸克和一个上夸克组成，质子由两个上夸克和一个下夸克组成。夸克是目前已知的最基本的粒子，至于有没有比夸克更深一个层次的更基本的粒子，这是有待于科学家继续探索的问题，但至少到目前为止，人们看到的还是一个“三生万物”的图景。

科学探索的另一个充满魅力的领域是生命的发育和繁衍。自19世纪细胞学问世之后,科学家又开始了对细胞构成的探索。到20世纪40年代,一般都认为,在细胞核中含有一种叫染色体的东西,染色体由DNA和蛋白质构成,从父代到子代的遗传是蛋白质决定的。到50年代中期,美国科学家埃弗里等人通过实验证明,在生物体遗传的过程中,起决定作用的并不是蛋白质,DNA才是遗传信息的载体。DNA又叫脱氧核糖核酸,是一种高分子化合物,其基本组成单位是脱氧核苷酸。每个脱氧核苷酸由一分子磷酸、一分子脱氧核糖和一分子含氮碱基组成。组成脱氧核苷酸的含氮碱基又有腺嘌呤(A)、鸟嘌呤(G)、胞嘧啶(C)、胸腺嘧啶(T)四种,分别叫作腺嘌呤脱氧核苷酸、鸟嘌呤脱氧核苷酸、胞嘧啶脱氧核苷酸、胸腺嘧啶脱氧核苷酸,连接起来形成脱氧核苷酸链。DNA分子由两条脱氧核苷酸链组成双螺旋结构。在脱氧核苷酸的链条上,脱氧核糖和磷酸交替连接,排在外侧形成基本骨架,碱基排在内侧。两条链上的碱基由氢键连接起来,形成碱基对,每10对碱基形成一个螺旋周期。碱基按照一定的规律配对,即A对T,G对C。在双螺旋链条上脱氧核糖和磷酸交替排列是固定不变的,而碱基对的排列却是千变万化的,由此造成了生物种样的千姿百态。

生物遗传是一个以父代DNA为模板合成子代DNA的过程,基因的传递要通过DNA控制一种叫做“酶”的蛋白质的合成来实现。由于DNA处于细胞核中,而蛋白质的合成须在细胞质中进行,因此,DNA所包含的信息要通过RNA传递到细胞质中。RNA由多分子的磷酸、核糖、含氮碱基组成。RNA不同于DNA的是:含有核糖,但不含脱氧核糖;有四种碱基A(腺嘌呤)、U(尿嘧啶)、C(胞嘧啶)、G(鸟嘌呤),以U(尿嘧啶)代替了DNA中的T(胸腺嘧啶),由此形成了四种不脱氧的核苷酸,即腺嘌呤核苷酸、鸟嘌呤核苷酸、胞嘧啶核苷酸、尿嘧啶核苷酸;不再通过氢键进行碱基配对,而是由三个碱基决定一种氨基酸,在生物学上叫做三联体密码。4种碱基可以形成六十四种组合,分别与普遍存在的二十种氨基酸相对应,多数氨基酸都有几个三联体与之对应,避免了在遗传过程中由于变异可能带来的不良影响,而氨基酸的不同排列直接导致了蛋白质的不同性状。

从以上介绍可以看到,在生命赖以形成和繁育的本元层面上,每个DNA因子有双螺旋结构,从分的角度可从看作是“一分为二”,从合的角度可以看作是“合二而一”。重要的是其中的分子链都由磷酸、脱氧核糖和碱基三种成分组成,这是一个“三”。而参与其中的四种碱基要两两配对,参与其间的氢键,不仅把两个碱基连接起来,还因此把两条DNA分子链也连接起来,使之成为一个整体,这又是一个“三”。到RNA环节,其分子由磷酸、核糖和碱基三种成分组成,同样也是一个“三”;四种碱基,两两之间不再由氢键连接,而是由另一种碱基连接起来,形成三联体密码,这还是一个“三”。

联系到前述《周易》的四象、八卦和《尚书·洪范》的五行,对于六个夸克和四个碱基,有人可能会产生疑问,认为在这个层面上并不是“三”。对这样的疑问,涉及一个分析问题的层面和范围问题。前面已经说到,四象中的每一象都是太阳和地球之间相互运动形成的自然现象,是“二合生三”,其实八卦、五行也是如此。现代科学发现,强子是六个夸克的三三组合,DNA是四个碱基两两加一个氢键组合,RNA则是四个碱基的三三组合,“三”是其间的本元构造，少于“三”无法构成中子、质子等强子，也无法构成完整的 DNA 和 RNA。这是迄今为止人们所认识到的物质和生命构成最深层次和最小范围内的情形。有趣的是，如果对 RNA 构成的具体情形做适当的抽象，其三联体与蛋白质的六十四种排列组合，与《周易》中的三爻组成六十四卦相比，十分相似。

三、“三生法”完整表达事物生成过程

关于哲学上的“三”的问题，如前文述及，庞朴已有深刻的论述，尤其是对历史上的有关理论做了认真的回顾、梳理和诠释，形成著作《一分为三论》，其中颇多鞭辟精当之处，足以启人心智。但读者可以看出，我们使用“三生法”这样的概念，而不使用“一分为三”或“三分法”之类的说法。原因在于：事物的生成不仅有“分”，还必须有“合”，否则便不能反映运动和发展的完整过程。

庞朴已经注意到了这一点，在其《一分为三论》中曾以“一分为二，二合为三”为题，专门谈到我国清末民初思想家刘咸炘的有关概括，并认为这样的概括“将一物两体的知性认识推进到‘合而成三’的理性理解”。[①] 问题是他并没有将这一点作为方法论的内容纳入总的概括，只是将“二分”增加为“三分”，以为这样可以避免“二分法”的偏颇。笔者从《老子》所说“道生一，一生二，二生三，三生万物”中取“三生”，并以此为方法论。《老子》的这段话虽然既未讲“分”也未讲“合”，却暗含着“分”与“合”，紧接着便说“万物负阴而抱阳，冲气以为和”。“万物”既可以看作是涵盖所有事物的

① 庞朴：《一分为三论》，上海：上海古籍出版社 2003 年版，第 152 页。

整体性的“一”，也可以看作是任何一个事物的“一”，一分生成阴阳，是“一分为二”；阴阳二气在冲突中达成和谐，“二”合生成新的事物，“二合为三”。宇宙就是这样一幅有分有合的图景，取“生”可以表现其生命力和生生不息的过程。

值得注意的是，针对《易传》对宇宙生成图景仅以两两相分概括的偏颇和不足，汉代扬雄特著《太玄》予以校正和补充。从书名即可看出，其主旨承袭于《老子》一书。《老子》中说：“玄之又玄，众妙之门。”扬雄明确解释：“夫玄也者，天道也，地道也，人道也。兼三道而名之。”他在另一部著作《法言》中又说：“天地交，万物生。”《太玄》关于宇宙生成图景的描写在构架上是对《周易》的摹仿。《易传》中说：“易有太极，是生两仪，两仪生四象，四象生八卦。”《太玄》则说：“一玄都覆三方，三方分为九州，九州枝载二十七部，二十七部分正八十一家。”《周易》既是一部占卜的书，也是一部哲学书；《太玄》也复如此。《周易》的六十四卦是两两相乘的积数；《太玄》的八十一首是三三相乘的结果。《周易》（准确说是《易传》），用“—”“ -- ”两种符号来推演世界的二分法；《太玄》用“—”“ -- ”“ --- ”三种符号来描述宇宙的三分图。《周易》有三百八十四爻；《太玄》有七百二十九赞。

两相对照可以看出，在宇宙生成图景的概括中，《易传》注意了“二”，忽视了“三”，而《太玄》则正好相反，注意了“三”，却忽视了“二”。当然，在扬雄的著作中并非完全没有注意“二”。比如《太玄》中说：“阳知阳而不知阴，阴知阴而不知阳。知阴知阳，知止知行，知晦知明者，其惟玄乎！”可见，扬雄明确主张事物的“二分”，反对“只知其一，不知其二”。问题是他在概括宇宙生成图景时，将

“二”忽略掉了,一路“三分”下去。虽然在阐述中也有“阴阳相交”之类的话,但在总图景的概括中却没有“合”的环节。由此可以看到,如果说《易传》失之于简单的“二分”的话,那么《太玄》则失之于直接的“三分”。《老子 · 四十二章》中的概括,加上刘咸炘“一分为二,二合为三”的诠释,一而二、二而三,分与合,两者兼而不失,对宇宙生成图景的描写才是既完整又准确的。

第四章　事物三生的几种形态

人们认识世界，"一"是很容易确定的，大到宇宙，小到任何具体事物，只要将其当作观察和探究的对象，随即就可以将其看成是"一"，尽管这只是整体的、笼统的和不明就里的"一"。"二"也不难确定，因为在"一"的基础上，只要略作分析就可以看到，任何事物都有两端，这一端与另一端相对应，于是"一"生成了"二"。由具体事物推及抽象事物，也不甚难。比如，阴阳、矛盾、正反、长短、大小、多少、善恶、真假、美丑、爱恨、是非、利弊、成败，等等。两端对应的情形，可谓比比皆是，可以无限列举下去。而"三"就不同了，在很多情况下，很容易被忽略，会视而不见。为此，可对以下情况进行对比梳理，以便对事物"三生"能够真切理解和把握。

一、显性三生与隐性三生

所谓显性三生，是就事物的本元构造而言，像"二分"那样略作分析就可以得知。比如，关于时间的感知和描述，只要把当下确定为现在，就很容易倒推出过去，正推出未来。关于空间的感知和描述，我们知道长和宽两个向量，只要加上表示高的向量，就能得到一个完整的立体空间概念。关于数的感知和描述，我们由正的自然数列想到与其相反的负的自然数列，只要把居于其间的零当作界线，这样的划分就可以成立。关于音乐的感知和描述，有了音阶和音节两个要素，还需要音调的存在，因为任何乐曲都必须确定一个基调，否则无法演唱和与协奏。关于温度的感知和描述就更容易了，只要在寒、热之间再加一个温，三种状态就出来了。其实，只要做简单的分析和综合，就能看到在两端之间或者两端之外存在着第三种情况。比如，在正反、高低、远近、左右、前后、多少之间看到中，在黑白之间看到灰，在我你之间想到他，在爱恨、忧乐、悲欢之间见到平常心，等等。可以说这些都是比较明显的显性三生。隐性三生，就大不相同了。其存在仅靠直观感受和简单分析是看不到的，往往需要经过认真思索甚至是艰难而曲折的探幽发微才能得知，而这种情况并不少见。

中国古代哲学的“阴阳”概念，同前面列举的种种显性三生相比，与其相联系的三生，似乎就不那么容易理解，因此，在古人那里显得颇费周章。对此，庞朴曾谈到中国学术史上的一桩公案。屈原在《天问》中问道：“阴阳三合，何本何化？”如此一问，看似简单，究竟应该怎样理解，却很麻烦。因为阴阳分明是“二”，为什么说“三合”？哪里来的“三”？东汉王逸在注释《楚辞》时碰到了这个难题，他沿用了《易传》中“三极之道”，说“阴阳三合”意指“天地人三合成德”，将阴阳本来的“二”变成了天地人的“三”。而在《春秋·谷梁传》中又有另外的说法，叫做“独阴不生，独阳不生，独天不生，三合然后生”。在阴阳之外又加了天，以此来说明“三合”。到唐代时，柳宗元作《天对》，明确表示“王逸以为天地人，非也”，而直接引用了《春秋·谷梁传》的上述说法。宋代学者大体同意柳宗元的看法。洪兴祖在《楚辞补注》中引用晋人徐邈对《春秋·谷梁传》

的注，说："古人称万物负阴而抱阳，冲气以为和。然则《传》所谓天，尽名其冲和之功，而神理所由也。会二气之和，极发挥之美者，不可以柔刚滞其用，不得阴阳分其名，故归于冥极，而谓之天。凡生类禀灵知于天，资形于二气，故又曰独天不生，必三合而形神生理具矣。"这里明确表示是在用《老子》的宇生观来解释有关"三合"的问题，只是将阴阳二气回溯到天，天是"冥极"无形却又包含着"神理"的"一"，无形的天加上有形的阴阳，合起来称"三"。后来朱熹也秉持这样的思路，在《楚辞集注》中说："天地之化，阴阳而已。一动一静，一晦一明，一往一来，一寒一暑，皆阴阳之所为，而非有为之者也。然《谷梁》言天而不以地对，则所谓天者，理而已矣，成汤所谓'上帝降衷'，子思所谓'天命之性'是也。是为阴阳之本，而其两端循环不已者，为之化焉。"可以看出，朱熹在这里对天地阴阳做了概念上的梳理，天不再作为阳而与地作为阴相对应，而是作为阴阳之本，由此高张了宋儒将天理视为宇宙本原的标帜。庞朴谈到近人闻一多在作《天问疏证》中，将"三"读作"参"（cān），说"参合犹言参杂和合也"，"阴阳三合"就成了阴阳二者参杂和合的意思。并指出"三"和"参"在古时本来相通，闻一多的解法省去了在字面上囿于数字的麻烦。但为了防止偏颇，庞朴又特别指出，"参"在这里不仅有动词的意思，还有数词的意思，因为阴阳参杂和合起来之后，便不再是原来的纯阴和纯阳，而是生出亦阴亦阳和非阴非阳的第三态来。由此，他还称可生造一个修辞术语，叫数动词，兼有数词和动词的性质。[①] 不过在笔者看来，这对于普通读者来说，到底还是有些费解。徐、洪、朱诸人的理解针对《春秋·谷梁

① 庞朴：《一分为三论》，上海：上海古籍出版社 2003 年版，第 49～53 页。

传》所说阴阳天“三合”是可以的,但那也只是讲了《老子》宇生观中的“道生一,一生二”,而未能包含“二生三”的意思。至于屈原《天问》中的“阴阳三合”,其实只要回到《老子》的“二生三”,说阴阳二合生三就可以了。简而言之就是“阴阳合三”,合是动词,三是数词,与“阴阳三合”相比,所不同的只是“三”与“合”的词序。须知在古代汉语中词序倒装并不罕见,如“三思而行”与“思之再三而行”意思并无不同,“时不我待”所说的意思也就是“时不待我”。

可以看到,王逸将阴阳二者换成天地人三者以契“三合”,天当作阳,地当作阴,似无太多不可,但再加一个人就有问题了,因为天地交而生的不仅是人,还有别的事物,而人与别的事物完全可以统称天地之间的第三态。而《春秋·谷梁传》、徐邈乃至宋儒将可以互指的阴阳和天地之中的天当作阴阳所依据的太极的“一”,由“二”而“一”,然后称“三合”,显得勉强不说,还未能顾及由“二”合而生成的“三”(也即天地间的万物)。这里要强调的是,对于具体事物,如前述的种种两端对立的概念,我们比较容易看到其间的第三种形态,但对于像阴阳这样的从取象而来用于描写宇宙生成图景的基本概念,由于其本身比较抽象和宏阔而不再容易看到其间的第三态。如果我们彻底摆脱其取象性,只是将其看作是对事物生成的普遍规律的概括,说两种对立的因素构成第三种事物,可能就不难理解了。

事物三生,还有更为曲折和隐晦的情形。庞朴在其研究中以战国时名家的一些论题为例,谈到了此类情形。其中,最为有名的是公孙龙提出的“鸡三足”。说一只鸡有三只脚,理由是:“谓鸡足一,数足二;二而一,故三。”“谓鸡足”是说名称上的鸡脚,“数足”是指实际可数的鸡脚。你可以像人们通常认为的那样说这是诡辩，说这是混淆了名称上的鸡脚和实际上的鸡脚。但这涉及主观在描述客观时的名与实的关系。我们在认识事物时必须要有名称或者说概念上的确定，否则认识活动将无以进行。而要确定一个名称或者概念，又必须有两个或者两个以上的具体事物做基础，然后对其特征和共性加以概括。有人可能会说，对单个事物也可以这样做，但事实上这是不可能的。有比较才有鉴别，而要进行比较，就必须有两个或两个以上的事物。比如：给独角兽命名，那一定是以双角兽为比照的；给长颈鹿命名，那也一定是以普通脖子的鹿为对照的。说“鸡三足”，是以鸡的两只脚为基础，概括出了既不同于左脚和右脚又包含了左脚和右脚的统一的鸡脚的名称，这是名实关系中的“二生三”。名家还有一系列此类论题。“白马非马”，白马是指白色的马，马是指名称或者概念上的马，前者是具体、实际的马，后者是抽象、概括的马，这说的仍然是名与实的关系，强调的是名与实之间的联系与不同。“黄马骊牛三”说的是，一匹黄马和一头黑牛，分开独处时，各自独立，马是马，牛是牛，风马牛不相及，但如果将马和牛放在一起时，显然不同于单个的马和单个的牛，而是成了既有马又有牛的结合体，与原有的两件事物相比，变成了三件事物：马一，牛一，马牛一。这里所体现的是个体与结合体或者说是部分与整体之间的关系。“臧三耳”，臧是指奴仆，说聪明的奴仆听主人说话，能够听出话外之音，似乎在两只耳朵之外还有一只耳朵，这实际上是在说听觉与思维判断之间的关系。庞朴提到“镞矢之疾有不行不止之时”的论题，意思是说，飞箭在一瞬间，既在又不在同一个地方。他强调这不同于古希腊哲学家芝诺所说的“飞矢不动”，指出芝诺的论题是在于找不到飞箭由静到动的桥梁，不懂得动与静的辩证关系。庞朴还指出，恩格斯在《反杜林论》中曾专门谈到这一点，认为运动本身就是矛盾的，镞矢之类的位移之所以能够实现，是因为其同一瞬间既在一个地方又在另一个地方，而对同一个地方而言，是既存在又不存在。这里所说的是，事物运动既包含了动，也包含了静，是动与静的对立统一，相对于单纯的动和静是兼而有之的“三”。[①]

不仅在曲折微妙的哲学问题中包含着隐性三生，在需要用不断深入的实验来证明的科学问题中也包含着隐性三生。现代天文学表明，宇宙中的天体都围绕着某个中心运行，具体到我们所在的太阳系，地球和其他行星围绕着恒星太阳运行，月亮作为卫星围绕着地球运行，所有天体的绕行都遵循一定的轨道，由此构成宇宙的秩序。我们知道，这些运行的轨道并不是我们的眼睛乃至观测仪器可以直接看到的有形的存在，而是天体之间引力和离心力相平衡的可以用数学来计算的无形的规迹。还有我国传统医学中所说的经络，这是一种古已有之的理论。我们知道，凡西医一定要对人体有形的器官和组织进行解剖，然后通过物理学、化学、生物学等手段对疾病进行治疗。而中医所说的经络却是任何透视乃至解剖都看不到的，然而它的确是一种存在，一种无形的存在，通过金石针砭和药物治疗可以打通，并收到良好的治疗效果。如此等等，都可以称为隐性三生。

二、共时三生与历时三生

我们说一物二分，互为前提，彼此依存，这一端失去了，另一端

① 庞朴:《一分为三论》，上海：上海古籍出版社 2003 年版，第 57 ~ 60 页。

便不能成立,两端共存于同一时间里,或者说在任何时间里事物都存在着两端,因此时间因素对于事物二分显得并不那么重要。再看事物三生,情况有着明显的不同,因为有的是在同一时间里发生的,而有的则是在不同的时序中发生的。前者可以叫做共时三生,后者则应该叫做历时三生。如果将时间看成是一条轴线,那么前者可以叫做横向三生,后者可以叫做纵向三生。这也导致事物三生较之事物二分,在认识起来要困难一些。

本章开头所列举的种种两端对立,大都有中间状态,有两端同时也就有了中间,没有两端无所谓中间,没有中间也无所谓两端,可以说是共时三生。空间上的长宽高、数学上的正负零、色彩上的红黄蓝、音乐上的阶节调、温度上的冷热温,等等,大致可以说是共时的。还有在微观世界中,三个夸克组成一个原子核强力粒子,它们是同时生成并组合,还是先有两个后又在组合中形成第三个?氢键连接 DNA 双螺旋结构上对应的碱基,它们是同时生成并连接,还是先有两个碱基对立再有氢键生成并起到连接的作用?对此,目前科学研究尚未能够明确,假定是前一种情况,我们可以将其视为共时三生,否则可以将其视为历时三生。以下着重介绍一些历时三生的情况。

大约在 50 亿年前,太阳系还是宇宙中一团缓慢转动的气体云。由于天体之间的引力扰动或者邻近星球爆发的冲击,这团气体云开始坍缩、凝聚,其稠密的核心部分变成了太阳,周边散漫的气尘逐渐形成了行星和卫星。地球作为太阳的一颗行星,大约在 47 亿年前开始形成。在内部动力和太阳能驱动的双重作用下,地球本身在不断演化。原始地球发生分层变化,中心是较重的铁质地核,表层是较轻物质组成的地壳,地核和地壳之间是地幔。这一过程大约发生在40亿年前，氢和氧结合生成了水并移动和聚合到地球表面形成了海洋，气体从地球内部释放出来并笼罩在地球上空形成了大气层。在太阳的光热作用下，使地球表面成为适合生命形成和进化的环境。早期地球大气圈的成分与现在不同，太阳光紫外辐射的能量使原始大气发生反应，由无机物质生成有机小分子，然后发展为有机高分子及其组成的多分子体系，再演变为细胞。生命从此开始并由低向高不断进化。这一过程十分漫长，据科学家测定，25亿年至6亿年前是真核细胞生物出现的阶段，6亿年至2亿5千万年前是甲壳生物进化的阶段，2亿8百万年至1亿350万年前鸟类和哺乳类动物出现，248万年前人类开始进化。所有生命的延续，长者数十亿年，短者几个小时，既是大自然交互作用的产物，也是物种自身雌雄交合的结果，在时间上都有先后顺序，可以视为历时三生。

人类从大自然中产生，处于原始状态的年代非常久远，只能从地质遗存中加以分析和判定。考古学和历史学研究表明，人类经历了漫长的分别以母系为特征和以父系为特征的原始血族时代。父系时代是以私有财产的出现和固定的婚姻关系为基础的，在此基础上逐渐出现了阶级分化，形成了奴隶制度。在奴隶制时代，处于社会顶端的是拥有奴隶和大量财富的奴隶主阶级，处于底端的是没有人身自由、本身被当作财富、可以被奴隶主随意买卖和生杀的奴隶阶级。在社会生产力发展与奴隶主和奴隶矛盾的推动下，奴隶社会被封建社会所取代。在封建社会，处于社会顶端的是拥有大量土地的地主阶级，处于社会底端的是没有或者只有少量土地、靠被地主雇佣或者以租佃地主土地为生的农民阶级。在社会生产力发展与地主和农民矛盾的推动下，封建社会被资本主义社会所取代。在资本主义时代，处于社会顶端的是拥有资本和大量生产资料的资本家阶级，处于社会底端的是没有资本和生产资料、靠给资本家出卖劳动力为生的工人阶级。在人类经历的这三种阶级社会社会中，每一种都不只有处于两端的两个阶级，还有处于两端之间的中间阶级。在奴隶社会有自由民或者叫平民阶级，在封建社会有自耕农阶级，在资本主义社会有小企业主和有中等收入的中产阶级。在每一种社会形态中，处于中间状态的阶级都是与处于两端的阶级同时共生的，可以说是共时三生。每一种社会形态的更替，都是在生产力发展的同时于旧的社会阶级冲突中形成新的阶级，而这通常需要一个漫长的过程，因此可以说是历时三生。奴隶社会和封建社会都历经了数千年，资本主义社会迄今也有了数百年的历史，可以看到，旧的社会形态中的冲突催生出新的社会形态。

“三”是事物的本元构造，对于这样的观点，曾有人提出疑问，认为人类与其所处的世界可以作主观与客观之分，在主客观之间的“三”是什么？在哪里？之所以形成这样的疑问，原因在于凡事物仅作二分的习惯性思维。其实只要具有认识论的常识，就不难看到主客观之间的“三”是实践。实践既非纯粹的主观也非纯粹的客观，是主观见之于客观并把两者联系起来的桥梁，是划分真理和谬误的标准。众所周知，实践对人们认识客观世界十分重要。值得注意的是，实践不只是永远的主观见之于客观的活动过程，实践的结果是形成了人类的知识积累和知识体系。这样的积累和体系与主客观两个世界既相联系又相区别，英国的科学哲学家卡尔·波普将其称为“第三个世界”或者“世界 3”。他说：“可以分出下列三个世界或宇宙：第一，物理客观或物理状态的世界；第二，意识状态或精神状态的世界；第三，思想的客观内容的世界，尤其是科学思想、诗的思想和艺术作品的世界。”

显然，他所说的第一世界是指我们通常所说的物质世界或者客观世界，第二世界是指精神世界或者主观世界，第三世界实际上应该是指主观世界在改造客观世界过程中形成的知识成果，也可以称之为知识世界。庞朴在谈到这个问题时，对波普的说法持批评意见。波普认为，“世界3”虽然在起源上是人造的，但一经存在就有它自己的生命，是一个客观的、自主的、存在于物理世界和精神世界以外的第三个世界。他认为，这一理论可以打破“西方哲学种种身心二元论”的格局。在庞朴看来，波普所说的由理论构成的世界始终是受制于人的，是人类精神的产物，根本不具有客观性和自主性，不是两个世界以外的第三个世界，而是第二世界的延伸；波普试图以此来打破身心二元对立的格局，反倒使这样的格局更加强化。① 这个问题异常复杂，限于篇幅，这里无法展开讨论这两种观点孰是孰非。但可以强调指出的是，波普的概括是具有启示意义的。人类在改造世界的过程中形成知识积累，在文字发明以前，只能口传身授，在文字发明以后，知识可以用文字记载并不断积累起来。知识是实践的结果，既非纯客观的也非纯主观的，而是两者的结合，具有相对的独立性，是第三种存在。实践作为人类主观见之于客观的活动，任何时候都不可或缺，因此可以看作是与主客观世界同在的共时三生。知识作为实践活动的成果记载，肯定发生在实践活动之后，因此是主观见之于客观之后的历时三生。当然，作为后人，完全可以在先学习前人已有的知识之后，再付诸

① 庞朴：《一分为三论》，上海：上海古籍出版社2003年版，第161～166页。

实践,但这只是在实践与知识的链条中某个环节上的先后问题,从根本上说,一定是先有实践后有知识的积累。

三、内含三生与外联三生

中国古人说“至大无外,至小无内”,意思是指世界在宏观上是无限的,在微观上也是无限的。但世界毕竟是由具体的事物构成的,对于每个事物的本身来说是“内”,对于这一事物的其他事物则都可以说是“外”。其实所谓内和外总是相对的。当我们把某个事物和其他事物都纳入认识的范围和层次时,这个事物连同被纳入认识范围和层次的事物都可以看作是“内”。同理,当我们把认识的范围和层次限定在某个事物的某个部分或方面时,这个事物的其他部分或方面也可以看作是“外”。之所以要区别内和外,是因为人们在认识事物时常常会把眼光局限在对象的本身,而不大注意这一对象与其他事物的联系。我们说事物的本元构造是“三”,不仅是说事物内部的本元构造是“三”,事物外部的本元构造也是“三”。而且,就事物的生成而言,仅凭单个事物本身是无法生成新的事物的,只有超出事物本身之外与其他事物相联结才能生成新的事物。

依照这样的分析,前述的显性三生和共时三生,大体上都可以看作是内含三生。比如:我们在说事物的方位时,有上中下;在说事物的色调时,有黑白灰;在说事物的声响时,有高中低;说事物的温度时,有冷温热;在说物质构成时,在原子核基本粒子中有三个夸克;在说生物的遗传基因时,DNA 的双螺旋曲线上两个对应碱基有氢键联结;等等。隐性三生和历时三生,大体上都可以看作是外联三生。比如:在宏观世界中,恒星与行星、行星与卫星之间的运行轨道;在天地之间相交而生成万物;在雌性生物与雄性生物之间相交而生成新的生物;在两个或两个以上具体事物之上形成概念及概念系统;在主观世界和客观世界之间的实践桥梁以及实践所形成的知识积累;等等。为了对此能够做进一步的了解,以下着重介绍一些较为复杂的外联三生。

近代科学技术自18世纪兴起以来,到20世纪又取得突飞猛进的发展。在众多学科都取得重大进展的同时,关于世界科学图景和科学家思维方式的系统科学被提了出来。系统科学认为,系统是由两个以上的要素(部分或者环节)组成的整体,单个要素不能称为系统。世界上所有具体事物(现象或者概念)都可以构成系统。构成系统的可以是两个以上要素,也可以是两个以上较小的系统。由此层层递进,较小的系统组成较大的系统,直到整个世界可以看作是一个巨大无比的系统。系统论的一个重要的观点是,整体不一定等于部分的总和。这一点在古希腊时亚里士多德就已经注意到了,提出“整体大于它的各部分的总和”的命题。这种情况在日常生活中也不难见到。比如:将两种颜色调和在一起形成第三种颜色,就会多一种颜色;动植物杂交生出了新的动植物,在生物谱系中有了新的品种。如此等等,都是整体大于部分总和的表现。但现代科学表明,整体与部分的关系无论是在量上还是在质上都有多种情况,有的是大于,有的是小于,还有的甚至是等于。比如,将氦原子对半分开,变成两个氘原子,每个氘原子的体积都比原来的氦原子大;强子由三个夸克组合而成,其质量竟然比单个夸克要小得多;用质子轰击锂原子核使之产生裂变,从静止的角度看,其质量整体大于部分的总和,从动态的角度看,其质量是守恒的，整体等于部分的总和。这里要强调的是，既然整体是由两个以上的要素构成的，从整体上来看，要素作为部分无疑是整体的内含，但要从要素的角度来看，整体的构成又无不是要素之间发生外联的结果。整体与部分的总和，大于、小于或者等于，整体都显然是不同于任何部分的第三者。既然是整体，那一定是具有不同于其中任何一个部分的特征的第三者，而这都是部分之间发生外联的结果。

系统论的另一个重要观点是，要素之间的结构和相互作用决定事物的功能与性质。作为系统一定是要素之间的有机结合，而不是毫不相干的胡乱拼凑。为了说明“整体大于部分的总和”，亚里士多德曾以房子为例。房子由砖瓦、木料等材料建成，但房子绝不是这些材料的杂乱堆集，而必须按照一定的结构关系进行恰当的排列与组合，这样房子也就具有了不同于其构成要素的功能与性质。当代系统论者也常常用事例来说明问题。比如，一部完整的机器由动力、传动和工作等多个小型系统和成百上千个零部件构成，这些小型系统和零部件都要按照一定的性能、规律和原理组合成整部机器，只有这样才能使之具有特定的性能，否则也只能是一种杂乱的堆集，甚至是一堆废铁。涉及社会领域，常举的例子，如拿破仑所说过的，就单个而言，法国骑兵的骑术、剑法和格斗能力都不见得很好，但由于有着严密的队形和严格的纪律，他们表现出整体的强大力量，因此战胜了个人能力很强而整体协调能力却很弱的马木留克骑兵。再如，马克思和恩格斯所分析过的从工场手工业到机器大工业的协作，由于协作程度的不同，两者相比，后者能够使“许多力量融合为一个总的力量”，“这种力量和它的一个个力量的总和有本质的差别”。房屋、机器、骑兵团队、机器大工业，这些都是比较复杂的系统，但按照前述的关于事物的本元构造，其要素都可以还原到“三”，而“三”又无非是在“二”的外联中所形成的第三种功能和性质。

在系统科学中一个更为复杂的问题是如何解决力学上时间的可逆性和不可逆性。在牛顿的经典力学中，物体在力的作用下运动，其中有时间因素，但表示时间的量，既可以是正，也可以是负，也就是说在时间上是对称的和可逆的。到19世纪，随着蒸汽动力的广泛应用，热力学开始形成。科学家们发现并总结出了有关能量转化和守恒的热力学第一定律，接着又发现并总结出了热力学第二定律。后者是指这样一种现象：一个与外界绝热的物体，如果初始时温度不均匀，随着时间的推移，高温部分会把热传递给低温部分，最终达到温度的均匀分布；一旦达到温度的均匀分布，在没有外界作用的情况下，物体的温度永远不会回到其初始时不均匀分布的状态。这意味着能量的传递在时间的方向上是不可逆的。这与经典力学所给出的物理图景很不相同。德国科学家克劳修斯作为热力学第二定律的发现和总结者之一，把这一定律推广到全宇宙，得出了“宇宙热寂说”的理论，说随着热量的不断传递，宇宙中的万事万物最终会发展到各处温度均匀、压强均匀和没有物理量差别的死寂状态，而且再也活不过来。到20世纪，由于宇宙学的发展，科学家又提出了一种与“热寂说”相反的图景。大爆炸理论表明，宇宙的初始阶段处于极度高温的热平衡状态，随着宇宙的不断膨胀，温度在逐渐降低，而宇宙由气态、液态转变为固态的星云、星系和星球。据此，奥地利科学家韦斯科夫认为，随着温度的不断降低，宇宙中的一切热运动最终都将冻结，所有东西都将是冷的、死的和不变的。这叫做“宇宙冷寂说”。

针对这样两种截然相反的说法，系统论者开始探索破解之道。其中，最重要的是比利时科学家普利高津提出的耗散结构理论。该理论十分复杂和深奥，这里只能就其最基本的原理做一点概括的介绍。就系统而言，以其与外界的关系，可以分为孤立和开放两种，前者是不受外界影响的系统，反之就是后者。严格来说，世界上并不存在完全意义上的孤立系统，因为任何系统都不可能丝毫不受外界的影响。只是在一定条件下系统受外界的作用很小时，人们将其看作近似孤立的系统。热力学第二定律所描述的正是在这样一种系统中热传递方向的情形。耗散结构理论有一系列概念的界定和推导，如反映温度和压强等物理量均匀时的平衡态以及与此相反的非平衡态，与平衡态和非平衡态相对应的无序和有序，反映无序程度的物理量“熵”以及最小熵产生原理，反映不可逆强度和不可逆力成正比的线性关系以及与之相反的非线性关系，将非线性与平衡态和非平衡态联系起来的非线性平衡态和非线性非平衡态，从而推导出一个开放系统有三种状态，即平衡态、近平衡态和远离平衡态，在第三种状态下，可以形成稳定有序的动态结构，即耗散结构。这一理论表明，宇宙是无数个开放系统构成的巨大的开放系统，不会变得日益简单、无序，最终达到热寂或者冷寂，而是会变得日益复杂、丰富，形成各种新的有序的系统。为了便于理解，我们最好还是把复杂问题简单化，所谓开放系统，无非是此系统与彼系统相互作用产生新的系统，而这一切又无非是一个外联三生的过程。

第五章　破解两难困境的利器

语言是人类描述事物、表达思想、沟通认识的工具，语言的运用必须遵循一定的规则也即逻辑，而在逻辑的推理中却存在许多悖论，使人不得其解。如果说逻辑悖论还只是人为设置的思维活动中的一些游戏，那么在现实生活中，人与自然、人与社会、自己与他人，常常会遇到实实在在的两难困境，使人进退维谷、左右为难。而这正是冲和论也即三生法要解决的问题。

一、逻辑推理中的悖论

我们可以按照某些约定或制定的公理性的规则对某个命题的真假作出判断或证明，但我们进行这样的判断或证明，有时会遇到无法解决的悖论问题。所谓悖论，可以这样定义：由一个肯定性的命题出发，经过正确的逻辑推理，恰恰得出了该命题的否定性的结论；反之亦然。这样的命题就是一个悖论。在逻辑推理中有不少悖论，这里仅介绍其中的一些典型。

说谎者悖论。这一悖论被认为是西方逻辑学发展中最早遇到的悖论之一。公元前6世纪，古希腊哲学家克利特人艾皮米尼地斯说了一句很有名的话："所有克利特人都说谎。"这就是这个悖论的来源。《圣经》里也曾提到:“有克利特人中的一个本地先知说,克利特人常说谎话,乃是恶兽,又馋又懒。”[①]可见这个说法传播颇广。严格来说,《圣经》里的说法并不构成悖论,因为“常说谎话”只是一个或然判断,而不是一个必然判断。艾皮米尼地斯的说法才是一个悖论,因为他说“所有克利特人都说谎”,而他本人也是一个克利特人,那么他所说的这句话是不是一个谎言?如果他说的是真话,按照他说的“所有克利特人都说谎”,他说的就是谎话;如果他说的是谎话,同样按照他说的“所有克利特人都说谎”,他说的又是真话。

芝诺悖论。古希腊哲学爱利亚学派的芝诺在关于物体运动的论辩中提出了四个有名的悖论:一是二分法悖论。物体在到达目的地之前必须先到达全程的一半,这个要求可无限地进行下去,而这样一来,如果它已经启动了,它将永远到不了终点;或者它干脆就启动不了。因为,在到达终点之前,即使再短的距离,也总是有一半的路程要先走完;同理,在启动之前,它即面临着无限短到近乎零但不等于零的距离的一半要先走完。二是阿克琉斯追龟悖论。阿克琉斯是古希腊神话故事中的快跑英雄,乌龟是行走速度最慢的动物。假设乌龟在阿克琉斯之前先走了一段,则阿克琉斯永远追不上乌龟。因为,追赶者跑得再快也必须先到达被追者的出发点,而追赶者到达被追者的出发点时,被追者走得再慢也已经又向前走了一段,又有新的出发点在等着追赶者,按照逻辑推理,一段路程中有无限个这样的出发点,所以阿克琉斯追不上乌龟。三是飞矢不动悖论。当任何物体处于与自身相同的位置时是静止

① 《新旧约全书·新约全书》,中国基督教协会、中国基督教三自爱国运动委员会印,南京:苏淮印(88)第221号,1988年版,第287页。

的,那么尽管箭是在飞行中,但在任何一个瞬间总是处于与自身相同位置,所以说它是静止不动的。四是运动场悖论。在运动场的跑道上有A、B、C三列大小、间隔、数目相同的物体。A列物体是静止的并处于跑道中间。B列物体由终点排到中点,C列物体从中点排到始点。B列和C列物体做速度相同、方向相反的运动。于是当B的第一个物体到达C的最末一个物体的同时,C的第一个物体也到达了B的最末一个物体,而B列的第一个物体只超过A物体的一半。因为经过每个物体的时间是相同的,所以一半时间和整个时间是相等的。

全能者悖论。按照基督教教义,上帝创造了世界,上帝是全能全知全善的造物主。早在中世纪时,欧洲就有智者对此表示了质疑,提出:上帝能否制造一块连自己也搬不动的石头?由此而形成了一个著名的悖论。按照逻辑推理,无论上帝能否制造出这样的石头,都只能证明上帝不是全能的。由此还可以派生出许多这样的悖论,如,上帝能否画出方形的圆?上帝能否使三角形内角和不等于180度?等等。实际上我们还可以归结出一个直接关乎基督教存亡的根本性悖论:上帝能否不存在,或者能否不创造这个世界?

罗素悖论。这是关于集合论的一个悖论。集合论是研究无穷集合和超穷数(也可以说是一堆抽象物件构成的整体)的数学理论,包括集合、元素和成员等最基本的数学概念。在古代,人们已经开始注意大量关于无穷的问题。如前述芝诺的四个悖论的前三个悖论,都是与无穷直接相关的。在古希腊,针对这个问题,亚里士多德把无穷做了划分:一种是过程,称潜在无穷;一种是整体,称实在无穷。他认为潜在无穷是存在的,如任何正整数加上1总能得出一个新数,但他认为实在无穷也即无穷集合在数学上是无法描述和运算的,因此是不存在的。这曾极大地阻碍了集合论的研究。后来人们逐步突破了亚里士多德的局限,如:在研究几何问题时,注意到圆的直径可以无限多,圆由直径分成两个半圆,因而也就有了无穷多的半圆。注意到两段不等长线上的点可以一一对应;正整数与其平方一一对应。当人们把无穷小量引入数学,进行所谓“无穷小演算”,就形成了后来所称做的微积分,微分是两个无穷小量相除,而积分则是无穷多个无穷小量相加。在前人探索的基础上,到19世纪后期,德国数学家康托尔把超穷数引进数学,创立了数学史上所说的朴素集合论。集合论对数学发展产生了深远的影响,成为现代数学的重要基础。但康托尔的集合论并非完美无缺,英国数学家、哲学家罗素针对其缺陷提出了著名的罗素悖论,也即集合悖论。这一悖论的具体含义是:由不含自己作为元素的集合构成的集合是不存在的。因为偿若存在的话,则一个集合是该集合的成员,但当且仅当它又不是该集合的成员。很显然,这个悖论就是由不包含其本身为元素的集合所构成的集合。如,集合R可以定义为:对每个x(x为集合),x属于R当且仅当x不在x里面;由此R本身是否属于R就出现了一个两难悖论。对于罗素的集合悖论,非数学学者可能不易理解,用日常生活中的例子来表达便是其著名的“理发师悖论”。其基本设置是:一个小镇仅有的理发师发出通告,本理发师只给本镇不给自己刮脸的人刮脸。这样一来,必然会有一个问题,那就是:该理发师给不给自己刮脸?如果给自己刮脸,按照通告,他就不应该给自己刮脸;如果不给自己刮脸,按照通告,他又应该给自己刮脸。由此陷入了恶意循环。

康德“二律背反”。康德是18世纪德国古典哲学的奠基者。

如果说上述悖论大都是在逻辑、语义、神学和数学等某个领域形成的悖论，

那么康德的二律悖反所归纳的则是他对宇宙万物的根本看法，也是其哲学的基本概念。康德的哲学思想集中体现在《纯粹理性批判》《实践理性批判》《判断力批判》三大批判中，因此其哲学也被称做批判哲学。他在《纯粹理性批判》中着重探讨了人们的理性认识究竟能达到何种程度的问题。在古代哲学和人们的通常看法中，所谓真理是指语言和事物相一致。而事物是具体的，语言是抽象的，这两者如何能够一致？在康德看来，其间的一致只存在于人们的头脑中，人们必然要运用经过理解力加工的经验形式，如时间和空间这样的“（绝对）范畴”。为此，他提出了“知性为自然立法”的著名论断。但这并不意味着自然界真的听命于人的知性，而是说人们只能按照自己的经验形式来认识自然。他甚至认为，人们所认识的只是事物的表象，而根本不可能认识事物的真性。由此其哲学又被称做不可知论。由于人类的理性认识又总是力图要超越自己的经验界限去认识物自体（或者称做自在之物），误把人们关于宇宙的理念当作认识的对象，用说明现象的东西去说明事物的真性，这就必然要产生二律背反。所谓二律背反，是指相互联系的规律之间表现出相互排斥的性质。为此，他提出了理性认识在宇宙观问题上的四组二律背反。

1. 正题：世界在时间上有开端，空间上有限；反题：世界在时间和空间上无限。

2. 正题：世界的一切都是单一东西构成的；反题：世界没有单一的东西，一切都是复合的。

3. 正题：世界上有出于自由的原因；反题：世界上没有自由，一

切都依自然法则。

4. 正题:世界上原因的系列中存在着必然性;反题:世界上没有必然,一切都是偶然的。

中国古代的哲学家也曾经提出过不少悖论。《韩非子》中“自相矛盾”的寓言故事,早已是众所周知。《庄子》中谈到的名家惠施所提出的“一尺之棰,日取其半,万世不竭”,“飞鸟之景,未尝动也”等命题,与前述芝诺所说的“二分法”“飞矢不动”“阿克琉斯追龟”等悖论,可谓异曲同工。《吕氏春秋》中记载了可以视为悖论的两则故事。一则是邓析答赎尸。说的是:郑国的洧河涨水,淹死了河边富户家的一个人,尸体被人捞起,富户要求赎回,捞者要价很高,富户不愿接受。富户和捞者分别向邓析讨主意。邓析要富户不要着急,说除了你,别人不会去赎尸体。要捞尸者也不要着急,说富户不向你赎尸,没有别处可以赎。邓析是春秋末期著名的讼师,后来被郑国的名相子产所杀,罪名是他“以非为是,以是为非,是非无度,而可与不可日变”。另一则是公孙龙答秦赵之约。说的是:秦国与赵国约定,秦国想做的事,赵国要帮助,赵国想做的事,秦国要帮助。后来,秦国要发兵攻打魏国,赵国应魏国请求准备援助魏国。秦国知道后派人指责赵国,说按照约定,赵国应该帮助秦国攻打魏国,怎么反倒援助魏国?赵国公子平原君为此向公孙龙请教,公孙龙说,赵国可派人反责于秦国,因为赵国要援助魏国,秦国不帮助赵国,这也不符合约定。

到了近代还有一则北京大学教授马叙伦讲授老庄哲学被学生反诘的趣事。《庄子》强调事物的相对性,说人睡在潮湿的地方会腰痛,泥鳅则不会;人爬上高树会害怕摔下来,猴子则不会,以此来证明“此亦一是非,彼亦一是非”。马叙伦对学生康白清听课经常迟到提出批评，康白清回说他住得太远。马叙论不以为然，说“你的住处离课堂只有几分钟路程，怎么能说太远？”康白清辩解说：“先生讲‘此亦一是非，彼亦一是非’，先生认为不远，而我却认为太远。”使得先生无言以对。其实道家所提出的“言尽悖”“学无益”“辩无胜”之类的说法都可以视为悖论。“言尽悖”，意思是指“所有的言说都是错误的”或“所有言说都不能表达真理”，那么“言尽悖”这句话本身是否也是错误的？也不能表达真理？“学无益”，意思是指“学习没有益处”，主张人们应该回到“弃智绝学”的状态，那么人们应不应该连“学无益”这句话也不要学习？“辩无胜”，意思是指“辩论双方没有赢家”或“辩论不会有结果”，那么“辩无胜”这句话本身的坚持者是否可以视为赢家？或这句话本身是否可以当作辩论的结果？

二、现实生活中的两难

两难困境，小至日常琐事，大至军国大计，都不免遇到。这里着重介绍经济、政治中的两难困境。

自资本主义问世以来，经济运行就表现出周期性的特征。经济周期，所指的是在经济运行中出现的扩张与紧缩交替更迭、循环往复的现象。在经济周期中，国民经济的总产出、总收入和总就业发生波动，波动剧烈时会形成经济危机。在经济危机到来时，会出现严重的生产过剩、企业破产、大量的失业乃至社会动荡。20世纪30年代，正当西方资本主义经济遭遇空前广阔而深刻的危机时，英国经济学家凯恩斯提出了国家直接干预经济的理论。这套理论认为，国家通过财税政策、货币政策可以使经济走出危机或减少波动。比如,针对经济危机造成的需求不足和严重失业的现象,政府可以通过建设道路、桥梁、大坝等公共项目,吸纳失业人员。这些人就业后会用工资购买生活用品,从而刺激对这些货物的消费需求,而生产这些货物会吸纳更多的人就业,就业又会刺激消费需求,逐步扩展开来,会产生乘数效应,将需求传导到其他行业,直到使整个国民经济走向复苏和繁荣。在凯恩斯理论提出之前,居主导地位的是传统的自由放任经济理论,认为“自由市场、自由经营、自由竞争”会使经济达到“自动调节、自动均衡”,因而反对一切人为干预尤其是政府干预,认为干预会破坏自动调节机制,会引起经济的失衡和震荡。事实证明,传统的自由放任理论存在重大的缺陷,而凯恩斯的政府干预理论是有效的,因为西方国家应用其理论的确使经济走出了危机并减少了波动。为此,西方学者赞扬他“在致命危机威胁资本主义世界时挽救和巩固这个社会”。但是,就在凯恩斯理论通行了数十年后,到20世纪70年代时,西方国家出现了“高通货膨胀率与高失业率并存”的局面,经济学家将其称之为“滞胀”。按照凯恩斯理论,增加货币供给,会导致需求增加,进而促使经济增长和就业增加,反之亦然,因此通货膨胀和失业增加是不可能同时存在的。以此为基础,新西兰经济学家菲利普斯概括出了一条反映通货膨胀与就业增加呈正相关的函数曲线,被经济学界称做“菲利普斯曲线”。问题是,事实恰恰相反,自由放任不好使,国家干预也不好使,经济运行陷入了“滞胀”的两难境地。

中华文明五千年延绵不断,而于史可鉴的是,自夏王朝建立以来就陷入了治、乱的循环。夏王朝的末年,夏桀暴虐,商汤举兵取而代之。商王朝晚期,商纣王残暴,周武王联合诸侯攻灭商纣王,建立了周王朝。周王朝后来逐渐衰微,周幽王被杀,此前史称西周。周平王东迁，此后史称东周，也即春秋战国诸侯争霸称雄时期，直到秦消灭各诸侯国，建立秦帝国。秦立国不久，先是陈胜、吴广奋起反抗，后是刘邦、项羽攻灭秦国，又经过楚汉相争，刘邦打败项羽，建立汉帝国。汉朝后来逐渐衰微，到汉元帝时，外戚王莽篡夺政权，建立新朝，王莽被赤眉、绿林起义军推翻，汉宗室刘秀夺得政权，恢复汉室，此前此后，史称西汉与东汉。东汉后期再度走向衰微，进入三国两晋南北朝时期。在此期间，魏、蜀、吴三国鼎立，晋统一中国，北方匈奴、鲜卑、羯、氐、羌等游牧民族南进陆续建立国家政权，史称五胡十六国，晋被迫南迁，此前此后，史称西晋东晋。北方诸国为北魏所统一，北魏灭亡后，又有东魏、西魏、北齐、北周等几个朝代，史称北朝；东晋灭亡后，也有刘宋、南齐、南梁、南陈等几个朝代，史称南朝。然后是隋统一中国，而隋立国不久，又因隋炀帝的暴政，引发民众反抗、群雄割据，李渊、李世民父子起兵，统一中国，建立唐朝。唐朝后来也走向衰微，引发动乱，进入五代十国时期。五代为中原地区相继建立的梁、唐、晋、汉、周，史称后梁、后唐、后晋、后汉、后周。此外，在其他地区还相继出现了十个割据政权，即前蜀、后蜀、吴、南唐、吴越、闽、楚、南汉、南平、北汉。此后，赵匡胤兵变篡夺后周政权，并逐步统一中国，建立宋朝。北方有契丹族建立的大辽国、西部有党项族建立的夏国与宋朝三足鼎立。宋朝后来衰微，被灭了大辽国而强大起来的女真政权金国所迫南迁，史称南宋。后起的蒙古族灭金、灭夏，再灭南宋，建立元朝。元朝在建立横跨亚欧大陆的帝国并统治中国近百年之后，被汉族武装推翻，朱元璋建立明朝。明朝走向衰微，被起义者推翻，北方的满族乘虚而入，建立清朝。由此构成了数千年治与乱的循环，治似乎必然要代之以乱，再由乱达到治，治乱往复，未有穷期。因此，黄炎培在延安向毛泽东提出了因政权腐败而形成的历史“周期率”问题。

第二次世界大战之后，世界上出现了两大阵营，即以苏联为首的东方社会主义阵营和以美国为首的西方资本主义阵营。中国共产党以马克思列宁主义为理论指导，属于共产国际的组成部分，在取得全国政权之后，必然属于社会主义阵营。中华人民共和国建立，首先得到了苏联的承认，随后得到东欧各社会主义国家以及印度、缅甸、巴基斯坦等国的承认，中苏很快订立了《中苏友好同盟互助条约》。在此后的几年中，中苏关系十分密切友好，但到20世纪50年代后期，中国共产党对苏联共产党在对斯大林的评价和有关社会主义阵营内国际关系等问题上产生分歧，特别是对在中国建立由苏联控制的长波台和两国建立联合舰队的问题，中方感到事关本国的国家主权，明确予以拒绝。此后，苏联在1960年停止执行1957年订立的中苏《国防新技术协定》，中断向中国提供原子弹样品及其他技术资料，停止供应中国急需的制造设备，不再给中国购买成套设备和关键零部件提供贷款，终止派遣并召回了在中国工作的专家，被撤回的专家带走了图纸、设计和资料，给中国造成了极大的损失和困难。接着在共产党国际会议上，苏联共产党带头指责中国共产党，随后是中苏两党展开公开论战。到1964年苏联决定要再次召开共产党国际会议，遭到中国共产党的反对和拒绝。会议在1965年召开后，中国共产党与苏联共产党及欧洲一些共产党的关系中断，社会主义阵营发生重大分裂。1969年中苏两国在中国珍宝岛和新疆边境发生武装冲突，几乎引发全面战争。从新中国成立之初中国采取向苏联“一边倒”政策演变为相互动武。而在新中国成立之初，因朝鲜战争中国与美国直接交恶。至此，中国与美、苏两个敌对的大国均处于对抗之中。

人类从原始血族时代走出来，社会分化成不同的等级，处于上层的等级统治着处于下层的等级。人们希望改变这种状况，于是“人人平等”就成了自古以来的社会理想。在中国古代有儒家关于“大道之行，天下为公”的大同之说。在古代希腊有伊壁鸠鲁等人关于人类在自然状态中平等缔约的想象。在古代以色列有耶稣基督关于在上帝面前人人平等的对神性原则的呼唤。但在现实世界中，一部人将另一部分人当作可以任意买卖和生杀予夺的牲畜的奴隶制曾持续了数千年。直到近代，欧洲殖民者还曾大量从非洲捕猎和贩卖黑人奴隶。在中国是“溥天之下，莫非王土，率士之滨，莫非王臣”的君权专制。在印度则是著名的种姓制。欧洲资产阶级革命消灭了贵族，人们在政治权利上的身份划分不存了，但人们随即发现这只不过是以新的不平等取代了旧有的不平等，因为以财产权利为衡量标准，坐拥万贯的富翁与一贫如洗的穷人无论如何都不可能是平等的，与此相伴随的是前者对后者的剥削和压榨。于是，人们又开始发挥实现社会平等的古老理想，传递欧洲自中世纪末期在社会批判中已有的关于理想国度的种种勾勒和以后的种种试验和探索，终于形成了以消灭财产私有制为目标的浩大的社会革命实验。这场实验持续了一个多世纪，波及欧洲、亚洲甚至南美洲的许多国家。在革命之初，由于革命本身激发出来的热情，这些国家的经济状况和社会面貌都发生了很大的变化，但随着热情的逐渐消退，这些国家又无不面临着效率的问题。平等是空前地平等了，但是效率却很低下，经济发展缓慢，民众生活改善无多。于是人们又看到了一种情形，那就是革命消灭了贫富差距，同时也由于效率的低下而带来了普遍的贫穷。这就使社会陷入一种新的困境:要么是平等和普遍贫穷,要么是效率和贫富悬殊,两者似乎不可兼得。

三、悖论及现实两难的破解

面对逻辑推理中的悖论和现实生活中的两难困境,如果局限于非此即彼的二分法,不仅于事无济,而且这本身就是导致悖论和两难困境的主观根源,要破解这样的难题,只能运用冲和论。

前面在谈到说谎者悖论时,已经提及在逻辑上有一个"或然判断"和"必然判断"的问题。我们知道,在实际生活中,即使是一个爱说谎的人也不可能每句话都是谎言,一个不爱谎的人也不免有时会说出善意的谎言。在一个地方也是如此,即使这里的人都爱说谎,也不可能每个人的每句话都是谎言。这就有一个事实和逻辑判断之间的关系问题。就说谎话这种现象而言,无论是对一个人还是对一个地方的人,只有"或然判断"是适合的,而这里用了"必然判断",说"所有克里特人都说谎",这样的"必然判断"本身就不是真的,然后再加上艾皮米尼地斯本人也是克里特人,于是构成了他说的这句话是既真亦假的悖论。其实当我们回到实际现象和逻辑表达之间的关系时,跳出逻辑上的"必然判断"的局限,这个悖论是不存在的,因为如果是那样的话,无论是谁说的这句话都是假的。

芝诺悖论,在其设定的逻辑范围内,的确是无解的。但早在古希腊时,亚里士多德就提出了破解的思路。亚里士多德认为,在芝诺的四个悖论中,二分法悖论和阿克琉斯两个悖论讲的是空间距离无限可分,而没有顾及时间的无限可分。由此我们可以看到,一段空间距离可以无限地分为二分之一或者无限多个点，这与运动者要经过的空间距离形成空间对空间的关系，以有限对无限，得出了无法到达终点和阿克琉斯追不上乌龟的结论。如果加上时间因素，时间也是无限可分（也可说是无限延伸）的，以无限对无限，芝诺的结论便不能成立。这样一来，在空间对空间的两个点上，又多了时间作为第三点，时间对空间，也就有了事物运动的速度，运动者也就不可能跑不完一段固定的空间，阿克琉斯也就不可能追不上乌龟。对于飞矢不动的悖论，亚里士多德也是以加进时间因素来克服的，指出时间不是由不可分的“现在”组成的，正像任何量都不是由不可分的部分组成的。至于运动场悖论，芝诺所说的就是关于物体运动所用的时间，并设定经过每个物体所用的时间相同，这实际上已经涉及物体运动的速度。亚里士多德认为，其错误在于把一个运动物体经过另一个运动物体所用的时间等同于经过一个静止物体所用的时间，而事实上在这两种情况下所用的时间是不相同的。这里要注意的是，有学者指出，在哲学史上历来将芝诺悖论仅仅看作是一种诡辩术，而实际上对芝诺提出的这些悖论，不能简单地看作是对事物运动特性的否定，因为它们至少在客观上激发了人们对动和静、有限和无限、离散和连续等问题的关注，对数学和哲学的发展产生了影响。古希腊数学家欧多克斯，为了克服芝诺悖论和解决毕达哥拉斯学派遇到的不可公度量即无限不循环小数问题，创立了新比例论，并完善了当时已有的穷竭法，比较好地解决了无限小的问题。

罗素发现康托尔集合论中存在悖论之后，在数学界引起了极大的震动，数学家们纷纷探索破解之道。一个基本的想法是，通过对康托尔集合论进行改造，既能够避免陷入悖论，又能够保留其中

一切有价值的东西。这就需要对集合的定义加以适当的限制，这样的限制要足够狭窄，把悖论排除在外，同时还要足够广阔，避免损害集合论的基本含义。根据这样的原则，经过数学家们的不断努力，德国数学家策梅洛提出了第一个公理化集合论系统，在很大程度上避免了康托尔集合论的缺陷。在该公理系统中，由于存在限制性的公理：P(x)是 x 的一个性质，对任何已知集合 A，存在一个集合 B，使得对所有元素 $x \in B$ 当且仅当 $x \in A$ 且 P(x)；因此{x|x}并不能在该系统中写成一个集合，由于它并不是任何已知集合的子集；并且通过该公理，集合 A = {x|x 是一个集合}在系统中被证明是矛盾的。这使得罗素悖论在该系统中得以避免。除此之外，集合论的公理系统还有多种，如匈牙利科学家诺伊曼等人提出的系统，在其系统中所有包含集合的选集(Collection)都被称为类(Class)，因此某些集合也能被看作是类，但某些选集合太大了(比如一个选集合包含所有集合)，以至于不能写成一个集合，而仅仅是个类，同样避免了罗素悖论。这些数理表达对非数理学者可能仍不易理解，那就不妨还回到理发师悖论的通俗表达。如果加一个限制，使理发师原先的通告变为：本理发师只给除本理发师之外的所有不给自已刮脸的人刮脸。理发师给不给自己刮脸就不再是问题。当然所谓公理化集合论体系远不是这么简单，但其中的基本原则是一致的。

全能者悖论，涉及我们一开始就讨论的宇生观。面对宇宙的浩渺无垠和个人生命的有限，人们不免要追问：宇宙是怎么来的？其基本法则是什么？人为什么有生必有死？既然必死，那么生的意义又何在？这些问题在人类知性能力所及的范围内找不到答案，这是人类的无奈。在无奈之中，中国古人想到了道，印度古人想到了毗湿奴，阿拉伯古人想到了真主，犹太古人想到了上帝，这是无奈之奈。既然要回答终极问题，这些概念和神所给出的含义就一定是囊括一切的，是不留余地的，是全知全能全善的，但仅就各民族各有各的终极概念和终极神这一点而言，就表明了这终极之义并非终极。全能者悖论是西方人对基督教上帝全能的教义提出的诘难，其实这是任何终极神都会面临的问题。至此，问题就将我们引至康德的二律背反。康德在哲学中提出了四个二律背反，其中最基本的是第一个二律背反，即宇宙既是有限的也是无限的。现代天体物理学将宇宙的年龄追溯到了137亿年前，射电望远镜将观测天体的距离扩展到100亿光年，这仍然是一个有限的时间和空间，在这之前和之外又是什么呢？难道时间和空间不存在了吗？作为终极答案，仍然是宇宙既有限又无限。如果说前述的种种悖论尚且可解的话，这一悖论可以说是无解的，是终极悖论，而世间万事万物归根到底立基于这个悖论。然而，之所以将其视之为悖论，从根本上说，还是由于人们在对日常事物思考中形成的逻辑规则，A是B或者不是B，二者只能择一，而不能兼而有之。诸多悖论大都源出于此。对世间万事万物作静态观察，需要甚至必须遵守这样的规则，不然会陷入混乱，但动态观察时，则往往表现为非此非彼、亦此亦彼，追溯到宇宙生成本源更是如此。相较于各种对神的归结，中国老子的很难言说的“强字之曰”的道，最为高明。万物既非单纯的阴，亦非单纯的阳，既是阴又是阳，“负阳而抱阳，冲气以为和”。万物归诸道，归诸自然，追问至此，便既是结果又是原因，既是悖论也是悖论的解决方法。

对于现实社会经济运行中出现“滞胀”的原因，经济学家众说纷纭。有的根据一般通货膨胀理论，认为滞胀是由于需求膨胀导致各经济主体对经济发展的预期发生变化并调整经济行为造成的。有的着眼于劳动力市场的均衡与非均衡,认为经济运行中既存在劳动力供不应求的情况也存在供过于求的情况,供不应求导致工资上涨,供大于求使就业不足,但由于工资具有刚性特征,后者不足以抵消前者,由此引起了通货膨胀与失业增加并存的现象。有的从上下游经济之间的协调与不协调来说问题,认为初级产品的生产增长与制造加工业增长之间存在的比例不协调导致了滞胀。有的从不同经营类型之间的矛盾冲突来说问题,认为少数大公司集中经营,越出市场轨道,实行价格控制,类似于计划经济,众多小的经济体分散经营,受市场支配,两者之间不平等。前者抑制后者,转嫁工资压力,控制市场需求,抬高产品价格,后者受前者挤压,生产不足导致大量失业。也有的从价格的刚性和弹性的角度来说问题,此种看法认为,西方国家的通货膨胀可以 20 世纪 60 年代后期为界,此前用菲力普斯曲线大致可以说明,此后提高工资的社会压力居于统治地位,工资上升与劳动力供求不再直接相关,受经济状况的影响也不大,由此导致了物价上涨和失业并存的现象。这些看法从不同角度和不同层次分析了滞胀的原因。影响较大的观点的是,滞胀是二次世界大战以后各国奉行凯恩斯主义并对经济实行政府强制干预造成的恶果。这种观点认为,政府干预导致开支增大,赤字增加,不得不以增发货币和通货膨胀作为弥补,同时保护了不成功的企业,影响到工资、物价,造成高浪费和低效率。而政府增加开支又必然增加税负,挫伤企业与居民投资和储蓄的积极性,造成经济停滞。迄今为止,中外历史经验表明,在经济运行中波动不可避免,人们所能够做的只是尽可能地缩小波动的幅度,以减少危机带来的损失和困难,要达到这样的目标,既要注重发挥市场在资源配置中的决定性作用，又要注意政府的调节，两者缺一不可，但两者都必须保持一个恰当的度，只有这样才能避免和克服经济滞胀。

对于黄炎培提出的历史周期率问题，毛泽东做了回答，那就是以民主道路走出治乱循环。其实治乱循环不止是在中国，在世界各国的历史上大抵都是如此。检视欧美历史，从古希腊罗马时期到整个中世纪也是每隔一段时间便有战乱爆发，如伯罗奔尼撒战争、布匿战争、斯巴达克起义、罗马内战、日耳曼人南侵、各封建邦国争战，等等。只是到了中世纪末期，城市工商业开始兴起，从文艺复兴到后来的启蒙运动，人们开始借助古希腊文明倡言人文主义，以求打破中世纪以来的神权统治和世俗封建秩序，从古希腊罗马曾出现过的城邦民主和共和政制中汲取资源，构筑自然法和民主政治思想，随着资本主义经济的发展，在现实中经过英国革命、美国独立战争和法国大革命等一系列革命，民主政治在西方各国逐步确立起来。民主政治的基本特征是，依照主权在民的法理原则，将主权与治权分离，由人民作为主权者定期对治权者进行选举和授权。在这样的法理原则和制度安排之下，治权者不可能成为高踞于人民头上的统治者和压迫者，人民群众也就没必要在不堪忍受统治和压迫时奋起反抗，历史因此而走出了治乱的循环。自此之后，西方各国很少内乱。以美国为例，立国二百多年，有过一次南北战争，以蓄奴制度在南方彻底消亡而告终。所谓治乱，也是相对的。在民主政治中，每次选举竞选者互相攻讦，平常时也是罢工、集会、游行示威不断，看起来乱哄哄的。但这是在理性规则范围内有节制的小乱，使人民群众的不满和纷争得到宣泄和消解，而不至于酿成暴力对抗，杀人如麻，生灵涂炭。可以说是化大乱为小乱，是在法治轨道上的小乱中实现治，是治中有乱，乱中有治。相对于治乱循环的非此即彼，这也是一种非此非彼，亦此亦彼。近代以来，中国借鉴西方，戊戌变法欲行君主立宪式民主政治而不得，辛亥革命推翻帝制，陷入军阀混战，北伐战争胜利后国民党建立党国专制，遭遇八年抗日战争，抗战后国民党迅速腐败，被共产党赶出大陆。新中国成立后，在极其困难的条件下，共产党组织人民群众，完成了江河治理，改善了生存环境，奠定了工业化基础，经济社会取得了很大发展，其间虽然有过失误，走过弯路，但中国依靠自身的力量纠正了错误，改革开放以来，经济持续数十年高速增长，一跃成为世界第二大经济体。在前进的道路上无疑还有许多困难要克服，但完全可以预期，随着市场经济的不断完善，城市化程度的不断提高，具有中国特色的法治化的民主道路必然开辟出来，中国社会将最终摆脱数千年的治乱循环，走上长治久安的坦途。

有关与美、苏的对抗，实际上在 20 世纪 50 年代末 60 年代初，中国就已经不受所谓两大阵营划分的束缚，注意加强与美、苏之外的许多国家的国际联系，最具标志意义的是万隆会议。第二次世界大战之后，在反对殖民统治的浪潮中，亚、非、拉出现了一大批新独立的国家。1955 年，由印度尼西亚提议，亚、非有 29 个国家参加，在万隆召开会议，主题是保障民族独立，反对侵略战争，维护世界和平，促进亚非国家的团结合作。美国有意破坏，会议期间以反对共产主义为由，直接质疑中国的诚意。周恩来在会上提出并阐明了著名的和平共处五项原则，推动会议取得了成功，奠定了同参会国家的友好关系。到 1963 年，周恩来又集中访问了非洲 10 国和阿拉伯 6 国，并在我国自身非常困难的情况下对非洲诸国给予了力所能及的经济技术援助。同时，还利用一些发达国家各自的利益诉求和不同态度,与之发展了国际关系。到1971年,中国以压倒多数的支持票恢复了在联合国的合法席位和安理会常任理事国地位。在此期间,美、苏在争霸的过程中,美国因深陷越战泥潭而处于守势,希望借助中国制衡苏联,1972年美国总统尼克松访华,中美关系解冻。关于三个世界划分的理论,最早可以追溯到法国经济学家阿尔弗雷德·索维于1952年在文章中首次使用“第三世界”这样的概念,此后人们通常把以美国为首的资本主义国家、以苏联为首的社会主义国家以及两者之外的国家,分别看作是三个世界。毛泽东于1974年对三个世界提出了不同的划分方法:美、苏两国为第一世界,欧、亚发达国家为第二世界,此外的亚、非、拉以及欧洲的一些国家均属于第三世界。以这样的战略划分方法,中国在经济仍然十分落后的情况下,由于以数量众多的第三世界国家为依托,并争取第二世界的一些国家采取不同于第一世界国家的态度,与美、苏两大强国形成了三足鼎立之势。

在社会形态的变迁中,平等与效率是一个自古以来的世界性的难题。工业革命在欧洲发生以后,面对贫富悬殊带来的社会对立和动荡以及战争的特殊需要,早在18世纪末期,英国开始探索征收累进的所得税和遗产税,并对工作和生活无着落者实行济贫法。到19世纪,先期进入工业化的国家开始普遍采取此类办法,到19世纪后期,德国开始探索建立社会保障制度。到20世纪,第一次世界大战中俄国发生革命,第二次世界大战后形成社会主义阵营,这对资本主义世界形成了压力,加之工人运动的不断争取,西方各国普遍建立了以税收调节贫富差距的二次分配和以养老、医疗、失业为主要内容的社会保障制度。这为人们研究和处理平等与效率问题提供了现实经验。美国经济学家阿瑟·奥肯写成《平等与效率》

一书专门谈论这个问题。平等是一种社会理想,人人生而平等也可以说是伦理正义和有关人的基本权利的法律原则。平等可以分为起点平等、过程平等和结果平等,这使得平等与效率成为一个十分复杂的问题。简而言之,即使依照社会所规定的起点和过程都是平等的,但由于每个人的天赋条件和后天努力状况不同,结果也一定是不平等的。如果强调结果平等,人们无论天赋条件如何都不肯尽力,必然导致效率低下,正像苏联模式的社会主义暴露出的缺陷以及我国以前存在的"吃大锅饭"的分配形式所表明的那样。但是如果对结果不作调节,那就必然导致强者更强,弱者更弱,赢家通吃,强者奴役弱者。而且强弱竞争可以在代际传递,使强弱差距不断拉大,弱肉强食,贫富对抗,这也会导致效率低下,正如西方各国早期资本主义所表现的那样。在强调起点和过程平等的同时,对结果不平等进行调整,适当地征收累进的所得税和遗产税,并建立完善的社会保障体系,这是人类迄今为止找到的破解平等与效率难题的基本做法。

其实破解两难困境于古今古外的军事活动中更为多见。《孙子》说"以正合,以奇胜"。所谓"以正合",是指以常规的做法与敌人正面交接和对杭。在势均力敌的情况下,胜负难料;在敌弱我强的情况下,敌方很可能困兽犹斗,我方即使取胜,损失也会很大;在敌强我弱的形势之下,则肯定不能取胜。所以,无论是何种情形,高明的军事家,总是摆出与敌方正面交接的架势,然后出其不意,攻其不备,"以奇胜"。尤其是在敌强我弱时,更是如此。古希腊荷马史诗有述,特洛伊王子帕里斯拐走斯巴达王麦尼劳斯的妻子海伦,麦尼劳斯率军讨伐特洛伊。由于特洛伊城异常坚固,攻打十年未能取胜。最后采纳奥德修斯的奇计,令久困城下的士兵烧毁营帐,登船离岸,造成撤退假象,同时在营地上留下巨型木马。特洛人将木马当作战利品拖进城中,就在全城庆祝胜利而狂欢之时,藏在木马中的斯巴达士兵出来打开城门,放入预伏在城外的军队,特洛伊城在一夜之间化为废墟。我国东汉末年,中央集权衰微,群雄并起,在北方逐渐形成曹操与袁绍两大军事集团。起初袁强曹弱,袁拥兵十多万,曹只有两万人,两军对峙于现在河南中牟的官渡一带。袁派兵攻打白马,曹军声东击西佯攻袁军后方,袁撤军护后,曹军回师解白马之围。继而袁军以五六千骑追击曹军六百余骑,曹军丢弃马匹辎重,引诱袁军哄抢财物,曹军趁机打退袁军。曹军虽然初战告捷,但敌强我弱的形势依旧,遂利用深沟高垒坚守官渡。相持半年,胜负未定。曹操亲率五千精锐骑兵奔袭袁军粮草重地乌巢,袁军粮草被烧,军心动摇,部将投曹,遂被曹军彻底打败。到了现代,国共两党对峙,国民党军队五次“围剿”共产党中央根据地。前四次国民党军队兵力都数倍于红军,而朱毛红军采取“诱敌深入,各个击破”的策略,不争一城一地得失,集中优势兵力,在运动中消灭敌人,均取得了反“围剿”的胜利。第五次,国民党军队兵力达百万,两倍于红军,红军这次摒弃了以往的策略,提出“不丢失一寸土地”的口号,与国民党军队硬拼,结果是丢掉了苏区,被迫向西转移,在湘江一役中八万红军只剩下了三万多人。遵义会议后,毛泽东重返军事领导岗位,指挥红军在长征中留下了“四渡赤水”的著名战例。蒋介石调集数十万大军,将红军围困在川、黔、滇边界的狭小地带。红军在机动作战中先后次四次渡过赤水,在与敌军的周旋和冲突中有负有胜,最终在第四次渡过赤水河后,以向南佯攻贵阳迷惑敌人,趁滇军调守贵阳之机,兵指昆明西北,找到空隙,突然调头北上,巧渡金沙江,跳出了包围圈。接着是强渡大渡河，跨雪山，过草地，经甘南到陕北，吴起镇一役最终摆脱了国民党军队的围追堵截。

谈到两难困境的破解，有人提出疑问说，一个人犯了罪，如何才能无罪？回答是：这不是一个两难的问题，法律判定有罪就是有罪，无罪就是无罪。如果说一种行为罪与非罪的界限不很清楚，这可能是个两难问题，就需要完善法律。法律是区别罪与非罪的准绳，是第三点。由此联系到现实生活中，小到公说公有道，婆说婆有理；大到国家之间各说各话，互不相让，如果总是各执一端，自然无解。要改变这样的局面，往往需要第三者依据一定的原则出面斡旋和调停。对于两难困境，最简单也最容易体会的是对成语“进退维谷”所说境况的破解，当我们在山谷中迷路时，进退无法取舍，最直接也最正确的办法是向上走，登高而望远，山脊犹如人手掌中的纹路，条条都是相通的，困境自然可以化解。当我们遭遇两难困境时，不必沮丧，而应感到欣喜，因为只有此时才能展现智慧。在思维方式上，正如爱因斯坦所说：“我们面对的重大问题无法在我们制造出这些问题的思考层次上解决时，不妨跳出我们制造出这些问题的思考层次，另辟蹊径。”所谓“向上走”和“另辟蹊径”，无非是要摆脱非此即彼的思维定式，去寻找第三条道路。

第六章　达成和谐的关键途径

无论是自然界还是人类社会都经常发生冲突，大爆炸、黑洞塌缩、星球陨落、山崩地裂、洪水滔天、弱肉强食、部落攻伐、种族残杀、阶级斗争、列国征战、强者称霸、盗匪为祸、黑帮火拼、兄弟成仇、朋友反目，如此等等，不胜列举。然而，凡事物无不是在对立面的冲突中达成和谐和秩序，就其客观性而言，归根到底也是势所必然。既有人类，必有人为，人们乐于和谐，期望秩序。从人的主观角度来看，如何使主观与客观相一致，如何顺应规律达成和谐与秩序？这在中国古代突出表现为儒家对中庸思想的阐发和强调。中庸是使冲突达成和谐与秩序的关键途径。

一、中庸之道的基本含义

在中国古代儒家所依据的早期典籍中已有不少关于中庸思想的概括。例如：《周易》中说，“有孚窒惕，中吉”，“得尚于中行，以光大也”，“鼎黄耳，中以为实也”，“震索索，中未得也”，“中以行正也”。《尚书》中说，“人心惟危，道心惟微，惟精惟一，允执厥中”，“今予告汝不易！永敬大恤，无胥绝远！汝分猷念以相从，各设中于乃心”，“兹式有慎，以列用中罚”。《周礼》中说，“以刑教中”，

“以五礼防万民之伪，而教之中；以六乐防万民之情，而教之和”。《左传》中说，“民受天地之中以生，所谓命也。”[①]《论语》《礼记》以及其他儒家典籍中对中庸多所阐发和强调。中庸之道的含义，集中起来，有以下三个要点。

(1)执两用中；

(2)过犹不及；

(3)时中。

执两用中，是《礼记·中庸》中“执其两端，用其中于民”的概括，是中庸之道最基本也最简明的定义。凡事物都有两端，这是“二”，“执两”是两端都不能放弃不能偏废，在两端都不放弃不偏废的情况下用“中”，这个“中”与两端既相联系又不等同于两端中的任何一端，是两端中的另外一端，这是“三”，用中也就兼顾到了两端，使相反的两端处于平衡状态，和谐因“三”而生。

“过犹不及”，语出《论语·先进》。这句话表明，孔子认为事情做得超过要求并不比做不到好，两者在性质和效果上是一样的。恰如其分才好，超过和不及都是一种偏颇。这也是人们常说的，做人做事要把握恰到好处的度。

时中，最早见于《周易》“蒙”卦《彖辞》：“蒙，亨。以亨行，时中也。”儒家重视和强调这一思想，《礼记·中庸》中说孔子要求“君子而时中”。这意味着不仅要坚持“执两用中”，对“中”的把握要恰如其分，而且“执两用中”和恰如其分还要因时而变，才能不断得乎其中，才能行得通。《论语·宪问》记述，孔子向公明贾问公叔子的为人，公明贾回答为“时然后而言，人不厌其言；乐然后笑，人不厌

① 王岳川：《大学中庸讲演录》，桂林：广西师范大学出版社 2008 年版，第 85～86 页。

其笑；义然后取，人不厌其取”，这是对时中的一种解释。

中庸之道是一种方法论。由“执中”发展成“执两用中”，可见中庸之“庸”，本义是“用”，是用来处事的方法。基本原则已如上述，凡事“执两用中”，不偏执于一端，以达到两端之间的平衡与和谐，这平衡与和谐便是“中”，使“中”得到运用。而要把握住这个“中”，须注意过犹不及，还须注意“时中”“君子而时中”。要做到这一点，必须经常注意超越非此即彼的二分法的思维局限。我国明末清初的思想家王夫之指出：“恶知介乎耦，则非左即右，而不得为‘中’也？‘中’者，入乎耦而含耦者也。”①为了便于理解，以日常生活中的推独轮车和走钢索为例。车把式为了不让车子倾倒，不仅要双手执把，还要不断停地扭动臀部。一个不熟练的生手，只知道双手执把，但不知道扭动臀部，死死地执着双把，臂力毕竟有限，不一会儿，车子就翻掉了；或者生手也知道要扭动臀部，但双手与臀部之间不协调，结果还是一样。熟练的车把式，掌握了其中的要领，左手用力时臀部向右扭动，右手用力时臀部向左扭动，双手轻轻扶把，臀部轻轻扭动，车子平稳前进。杂技演员走钢索与此同理，以左右双臂上下摆动，使身体重心始终与钢索的重心相一致，借此完成惊险刺激而又万无一失的空中动作。

中庸之道是一种认识论。处事方法由人的主观来把握，而处事方法必须与客观事理相一致，这就有一个主观对客观的认识问题。现代哲学在认识论上强调实践的重要性，实践、认识、再实践、再认识，以达到主观与客观相一致。古代儒家讲格物致知，讲知行合一，讲的也就是主观和客观的一致性。倒是古代道家有一个极

① 王夫之：《老子衍》，北京：中华书局1962年版，第25页。

好的例子可以表明中庸之道所包含的主观与客观相一致的原则，那就是《庄子》中的寓言故事“庖丁解牛”。庖丁为梁惠王解牛，手触，肩倚，脚踩，进刀豁豁，哗哗作响，非常有节奏，像是在跳舞和奏乐。梁惠王大加赞赏，说他的技术竟达到了如此高超的程度。庖丁回答：我所追求的是道，已经超出了技术的层面。最初解牛时，看到的是表面的牛；三年之后，看到的已不是表面的牛。现在，我凭精神与牛相接，不用眼睛去看，感官停止了，精神在活动。依照牛天然的生理结构，顺着牛体筋骨的缝隙和空处进刀。技术好的庖丁每年换一把刀；技术一般的庖丁每月换一把刀。如今，我的刀用了十九年，解牛上千头，刀刃仍像刚磨过的一样锋利。牛的骨节有空隙，而刀刃很薄，以薄刃插入骨节的空隙，可以做到游刃有余。虽然如此，碰到筋骨交错难以下刀之处，我还是要小心翼翼，瞅准了，动作慢下来，用刀很轻，哗啦一声，牛的骨肉就被解开，像泥土一样散落在地上。由此看到，凡事都有一个从实践到认识的过程，庖丁经过长时间的实践，使主观的“中”合乎客观的“中”，刀刃游走在两骨节的空隙之中，不偏不倚，快慢随时，刀刀中的。

中庸之道是一种本体论。天人合一是中国哲学的核心概念。天道人性是相合而一体的。《礼记·中庸》开篇即讲“天命之谓性，率性之谓道，修道之谓教”。这是说，人的自然禀赋叫做性，顺着本性行事叫做道，按照道的原则修养叫做教。“道也者，不可须臾离也，可离非道也。”道是片刻也不能离开的，可以离开就不是道了。“喜怒哀乐未之发，谓之中；发而中节，谓之和。中也者，天下之大本也；和也者，天下之达道也。致中和，天地位焉，万物育焉。”[①]从

---

① 《中庸》第1章。

人的角度说开去，喜怒哀乐等情感没有表现出来，叫做“中”，表现出来符合节度，叫做“和”。然后说到天下，“中”是任何事物都有的本性，“和”是任何事物都遵循的原则。达到中和的境界，表现为天地各在其位，万物生长繁育。讲到“君子之道费而隐”，普通男女虽然愚昧，却也可以知“道”；而其至高境界，连圣人也有弄不清楚的地方。普通男女虽然不贤明，也可以行“道”；而其至深境界，连圣人也有做不到的地方。天地如此之大，人们仍然有遗憾。所以，君子说到大处大得连天地都放不下；说到小处小得连天地都分不开。《诗经》中说：“鸢飞戾天，鱼跃在渊。”说的是上下要清楚。君子之道，从普通男女开始，其最高境界可以明了天地之道。讲到“至诚”，说只有天下至诚的人能够发挥其本性；能够发挥其本性就能发挥众人的本性；能够发挥众人的本性，就能够发挥万物的本性；能够发挥万物的本性，就能够帮助天地化育生命；能够帮助天地化育生命，就能够与天地并立为“三”了。程颐、程颢认为：“不偏谓之中，不易谓之庸。中者，天下之正道，庸者，天下之定理。”朱熹说：“中，不偏不倚、无过不及之名。庸，平常。”合起来说，中庸既是天下恒久不变的大道，也是人们日常生活要坚持的正道。这里说到本体论，无关乎现代哲学中所说的物质和精神何者为第一性的问题，而只是说人能够以至诚的态度坚持中庸之道就可以与天地相通，与宇宙合成本元之体。

中庸之道是一种道德观。孔子说：“君子中庸，小人反中庸。”显然是将能否把握和坚持中庸立为衡量道德的标准。“君子尊德性而道问学，致广大而尽精微，极高明而道中庸。”但道德修养不是易事。孔子赞扬颜回：“回之为人也，择乎中庸，得一善，则拳拳服膺而弗失之矣。”说自己：“君子之道四，丘未能一焉。所求乎子以事父，未能也；所求乎臣以事君，未能也；所求乎弟以事兄；未能也；所求乎朋友先施之，未能也。”孔子感叹中庸作为道德标准是至高的了，普通人很难长久坚持。他说他知道了中庸之道不能实行的原因，那是由于聪明的人聪明得过度了，愚蠢的人智力又达不到；贤能的人做得过度了，不贤的人根本做不到。还说天下国家可以治理，官爵俸禄可以放弃，雪亮的刀刃可以踏过去，中庸之道却很难实行。不过他又说：“道不远人。”如果有人行道却远离他人，那就不算是道了。一个人能够做到忠恕也就离道不远了，忠恕是什么，就是“己所勿欲，勿施于人”。可见孔子是多么看重中庸之道，深知其实行之难却又苦口婆心地劝导人们。最具启示意义的是德怨之辩。人与人之间，以怨报德，君子不取；以怨报怨，君子也不取。老子说过“报怨以德”。[①] 孔子的学生原宪向孔子请教：“以德报怨，何如？”孔子说：“何以报德？以直报怨，以德报德。”[②]孔子的高明在于德与怨之间提出直，德字的构成，本来就是指人与人之间要正直其心，以正直之心衡量是非，这是中庸之道，是对待和化解怨恨的正确态度。需要注意的是，老子所说的“道德”具有形而上的哲学意味，与日常生活所说的“道德”不是一回事。但即使在日常生活中，对怨恨也要做具体的衡量，如果以德报怨有可能感化对方，不妨试一下。助人不图报，得理须让人，是做人的美德。当然其中要有度，这也是中庸之道。

---

① 《道德经》第63章。
② 《论语·宪问》。

二、中庸具有普适性

中庸不止是在中国,在古代希腊和古代印度的智慧中也有概括和阐释,而古代希腊和古代印度均为世界文明的源头,各自独立形成和发展,其流布和影响非常深厚和广泛。应该说,中庸具有普适性。

(一)古希腊哲学的中道论

古希腊的许多哲学家和智者都注意和谈论过凡事须合乎中道的问题。德谟克利特有过不少关于中道的论述:“当人过度时,最适合的东西也变成了最不适合的东西”,“人们通过享乐上的有节制和生活上的宁静淡泊,才能得到愉快”,“从一个极端到另一个极端的摇摆不定的灵魂,是既不稳定也不愉快的”。数学家毕达哥拉斯曾说过:“一切事情中,中庸是最好的。”诗人潘季里特在祈祷诗中写到:“无过不及,庸言致祥,生息斯也,乐此中行。”苏格拉底认为,良好的生活要有道德修养,对道德的评价要有合理的态度,而合理的态度就是中立不倚,不趋极端,无过与不及之弊。柏拉图认为,需要以“中”的原则论证绝对精确的真理。德尔斐的阿波罗神庙上镌刻的箴言“切勿过度”,充分反映了古希腊哲人们对中庸思想的认同和重视。

亚里士多德是古希腊哲学的集大成者,他对中庸思想的概括和阐释也最为集中和深入。他的论述见于其著作《政治学》和《尼各马可伦理学》,他说:“中庸在过度和不及之间,在两种恶事之间。在感受和行为中都有不及和超越应有的限度,德行则寻求和选取中间。所以,不论就实体而论,还是就其所是的原理而论,德性就是中间性,中庸是最高的善和极端的美。”亚里士多德将中庸思想运用在政治学研究中集中表现为中庸政体观。研究政治问题离不开对社会结构的分析,他指出:“在一切城邦中,所有公民分为三部分——极富、极贫和两者之间的中产阶级。”主张城邦政权应扩大中产阶级的基础,将政治权力更多地赋予中产阶级。因为在他看来,中产阶级最具理性。“处在这种境界的人们最顺从理性。趋向这一端或者那一端——过美、过强、过贵、过富或者过丑、过弱、过贱、过穷——都是不愿意顺从理性引导的。第一类人常常逞强放肆,致犯重罪;第二类人往往懒散无赖,易犯小罪。大多数的祸患都起源于放肆和无赖。”中产阶级有良好的习惯和心理。过贵过富的人从小没有养成循规蹈矩的习惯,不愿受人统治;过贱过穷的人又因太卑贱而甘于自暴自弃,不堪为政。“这样的城邦就不是一个自由人的城邦而是主人和奴隶合成的城邦;这里一方面暴露着藐视的姿态,一方面怀抱着嫉妒和仇恨。一个城邦应有的友谊和交情就见不到了。”中产阶级则既没有前者的傲慢,也没有后者的仇恨,由他们来当政可避免党争和内讧。中产阶级希望政治安定,“中产阶级(小康之家)比任何其他阶级都较为稳定,他们既不像穷人那样希图他人的财物,他们的财产也不像富人那样多得足以引起他人的觊觎。既不会对别人抱有阴谋,也不会自相残杀,他们过着无所忧惧的安定生活。”“一个城邦作为社会(团体)存在,总应该尽可能由相等和同样的人所组成(由是既属同邦,更加相互友好)。这里中产阶级比任何其他阶级(部分)较适合于这种组成了。据我们看来,就一个城邦各种成分的自然配合来说,惟有以中产阶级为基础才能组成最好的政体。”这就是亚里士多德的中庸政体观。长久以来，这种政体观曾被看作是过于理想主义了，但直至当代世界上许多国家通过财富二次分配和完善社会保障等办法，使社会构成由贫富悬殊的“宝塔型”转变成以中产阶级为社会主体的“橄榄型”，社会秩序得以相对理性、和平与安定，充分表明了其中所蕴含的智慧和价值。

亚里士多德还就中庸之于做人的德行做了概括。如他曾说，怯懦与鲁莽之间是勇敢，吝啬与奢侈之间是大方，怠惰与贪婪之间是抱负，自卑与骄傲之间是谦虚，沉默与吹嘘之间是诚实，乖戾与滑稽之间是幽默，好斗与阿谀之间是友谊，放浪与猥琐之间是磊落，卑贱与虚荣之间是不卑不亢，等等。这与我国古人的概括相映成趣。庞朴曾就中国古人对中庸之于德行的概括做过搜集，如：“宽而栗，柔而立，愿而恭，乱而敬，直而温，简而廉，刚而塞，强而义。”（《尚书·皋陶谟》）“怒能喜，乐能哀，智能愚，壮能衰，勇能屈，刚能柔，仁能忍。”（秦墓竹简《为吏之道》）“直而不倨，曲而不屈；迩而不逼，远而不携；迁而不淫，复而不厌；哀而不愁，乐而不荒；用而不匮，广而不宣；施而不费，取而不贪；处而不底，行而不流。”（《左传·襄公二十九年》）“圣人知心术之患，见蔽塞之祸，故无欲无恶，无始无终，无近无远，无博无浅，无古无今，兼陈万物而中悬衡焉。”（《荀子·解蔽》）“人亦有言，柔则茹之，刚则吐之。维仲山甫，柔亦不茹，刚亦不吐；不侮矜寡，不畏强御。“（《大雅·烝民》）“君子之道，或出或处，或默或语。”（《易·系辞上》）“张而不弛，文武弗能也；弛而不张，文武弗为也。一张一弛，文武之道也。”（《礼记·杂记下》）“宽以济猛，猛以济宽，政是以和。”（《左传·昭公二十年》）这些讲的都是凡事处于两端之间的中道，不可偏执，不可过度，不可无节制。

(二)古印度佛教的中观论

佛教与基督教、伊斯兰教并称为世界三大宗教,形成于公元前6世纪的古印度,然后逐步向外扩展,在古代东方文化中占有重要地位。到现代社会,其影响超出亚洲,在许多国家传播。佛教虽然是宗教,着重于信仰问题,但其思辩性极强,有着丰富的哲学内涵,由此而成为人类珍贵的精神文化宝藏。

佛教由乔达摩·悉达多创立,“释迦牟尼”是佛教徒对他的尊称,意为“释迦族的圣者”,也称“佛陀”,意为“觉悟了的人”。早期佛教提出了一系列的思想,其中即有中道观。在佛教产生之时,印度思想界对人生或世间生活有两种截然不同的主张,有顺世论与耆那教之争。前者倡导人们追求现世幸福,及时行乐。后者与之相反,推崇苦行,而且苦行的要求十分严厉。佛陀出家前是王子,曾娶妻生子,过着富贵的生活,对享乐是深知的。他看到人间生老病死等种种苦难,感到了人生痛苦和欢乐的无常,于是他离开享乐的一端,走向了苦行的一端。据说他到尼连禅河附近的林中苦炼修行,但经过六年的修炼而了无结果。这使他认识到苦乐两端都不能到达理想的境界。然后他在菩提树下静坐冥思,始得觉悟。在最初传道时,便以此立说。在《中阿含经》有这样记述:“五比丘当知,有二边行,诸为道者所不当学:一曰著欲乐贱业,凡人所行;二曰自烦自苦,非贤圣求法,无义相应。五比丘,合此二边,有取中道,成明成智,成就于定,而得自在,趣智趣觉,趣于涅槃,谓八正道,正见乃至正觉,是谓为八。”八正道系“正见解、正思想、正语言、正行为、正职业、正精进、正意念、正禅定”。五比丘,指佛陀最早的五位信徒。正,也就是中,是不偏向“苦行”和“享乐”的任何一边,两边兼而有之取其中,这就是所谓的“苦乐中道”。这种立场贯穿于对“无记”“有空”“断常”等问题的阐诠之中,对后世的佛教形成了深远的影响。

佛教产生后逐步传播到印度各地,信众越来越多。但在佛陀身后,到公元前 4 世纪至公元 2 世纪发生了重大分裂,形成了许多部派。在部派竞逐之中,又形成了“大乘佛教”,以区别于诸多部派和早期佛教理论即所谓的“小乘佛教”。在大乘佛教的发展中,公元 2 到 3 世纪的哲僧龙树做出了巨大的贡献。他的著作《中论》《十二门论》《大智度论》及其弟子提婆的《百论》,被奉为大乘佛教的“四论”,形成了佛教的中观派。龙树在《中论》中继承早期佛教的中道思想,开卷即讲“八不”,详尽论证了世俗、外道和小乘理论中关于生、灭,常、断,一、异,来、出等四组八个概念不能成立,认为:不生亦不灭,不常亦不断,不一亦不异,不来亦不出,充分表明了其不执着于两边的中道观。故该派的中道观被称为“八不中道”。这些概念原本是小乘、外道和世俗的人们对宇宙和人生也即“实相”问题的看法,生就是生,灭就是灭,恒常不变就是恒常不变,变化无常就是变化无常,同一就同一,差异就是差异,来就是来,出就是出,似乎不成问题。但在中观派看来,这些看法都是偏执的,不正确的。因为,生中有灭,灭中有生,常中有断,断中有常,一中有异,异中有一,来中有出,出中有来,均不可做单纯的孤立的肯定。一旦如此就会陷入偏执,所以只能进行不断的否定。至于事物的“实相”究竟是什么,只能在这种不断的否定中去体会,即所谓“只可意会,不可言传”。中观派就是用这种否定的思维方式,不说是什么,只说不是什么,将“中道”体现在对事物的领会之中。追溯到宇宙的起源等终极性问题,佛陀对各种派别提出的种种各执一端的论辩，曾采取“无记”的态度，也即不做此是彼非的判断。龙树则从其“缘起说”出发提炼为著名的“三是偈”：

众因缘生法，我说即是空；亦为是假名，亦是中道义。

这四句偈语，实际上是三层意思。第一、二两句是说，众多的事物和现象都由原因和条件而生，没有自身的本性，因此说是空的；第三句是说，“空”也只是假借一个概念作为指称，空不等于虚无，不能认为什么也没有；第四句是说，既不能认为诸法是实有，也不能认为诸法是虚无，在有无之间证悟本体，便是“中道”的含义。

佛教尤其是大乘佛教光大于中国。龙树等人的著作被大量译介，与中国本土的中庸思想相结合，到隋唐时有三论宗，秉持和诠述中观论，创立者吉藏将中道析为三种，即对偏中、尽偏中、绝待中。后来是天台宗，仍以中观论为基点阐扬大乘教义，开宗者智顗悟得“一心三观”，也谓“法华三观”，以空、假、中三谛圆融解释世界。

三、“斗争哲学”与“冲和哲学”

中庸之道可以归结为“冲和哲学”。

前文谈到由《矛盾论》以至于“斗争哲学”，谈到矛盾的斗争性与同一性，至此应该有进一步的界说。“斗争”可以理解为矛盾双方相互否定，彼此排斥，非此即彼，势不两立的倾向。固然，过去在使用“斗争”一词时，曾有过所谓对抗性矛盾与非对抗性矛盾、敌我矛盾与人民内部矛盾之类的区分。对抗性矛盾，是讲矛盾双方的斗争十分尖锐和激烈，双方不可共居于统一体，必以双方决裂和以一方克灭另一方作为矛盾的解决方式；非对抗性矛盾，指矛盾双方的斗争并不十分尖锐和激烈，双方尚可以共居于统一体中，但要以一方支配和决定另一方作为矛盾的解决方式。敌我矛盾与人民内部矛盾是对抗性矛盾与非对抗性矛盾在社会领域的运用。敌我矛盾被看做是对抗性的，要以暴力和强制的手段对待之，以敌人的消灭和完全的服从作为矛盾的解决方式；人民内部矛盾被看做是非对抗性的，不以暴力和强制手段对待之，但通常要确定某种思想和主张是正确的，必以此种思想和主张居于支配和决定地位作为矛盾的解决方式。矛盾是无时无处不在的。“斗争哲学”将矛盾的斗争性也看做是无时无处不在的，是无条件的，是绝对的，将矛盾的同一性仅仅看做是暂时的，是有条件的，是相对的，这就在很大程度上将“斗争哲学”与矛盾学说相等同。而“斗争哲学”则意味着，要不断地寻求对立面，以一方来否定和排斥另一方，以此方克灭彼方，此长而彼消，此存而彼灭。这是一种执其一端，攻其另一端的哲学，是一种片面强调和重视矛盾斗争性而忽视至少是轻视矛盾同一性的哲学。在对待非对抗性矛盾和人民内部矛盾时，虽然也讲要用温和的手段，讲斗争的目的是为了团结，但结果却只能是以一方对另一方的服从而告终，否则便将其上升为敌我矛盾，必欲置对方于死地而后快。在实际运用中，秉持这种哲学，虽然也有过化对抗性的敌我矛盾为非对抗性的人民内部矛盾的情形，但随着对抗性的敌我矛盾的减少和消失，由于片面地强调斗争性，则在很多情况下不断地将本来是非对抗性的人民内部矛盾变成了对抗性的敌我矛盾。可谓是矛盾不止，斗争不息，使整个社会总是处于紧张和动荡之中。

传统的矛盾学说，过分强调了矛盾的斗争性，轻视矛盾的同一性，以致对事物陷入了简单的“二分”。我们要看到“二分法”的缺陷，但也要看到毛泽东在对矛盾学说的实际应用中并不只是限于“二分”。前文已经例举的“三个世界划分”，最为我们大家所熟知的还有《毛泽东选集》的首篇文章《中国社会各阶级分析》，开篇即讲“谁是我们的敌人？谁是我们的朋友？这是革命的首要问题。”敌、我、友，显然是“三”。为此，他在北伐战争时积极参与了第一次国共合作。在西安事变中又积极推动了第二次国共合作。以后来，他将“统一战线”概括为中国革命的“三大法宝”之一。纵观其领导中国革命和建设的整个过程，可以说凡是限于“二分”，便不免导致失误，而凡是着眼于“三生”，则无往而不利。

时至今日，应该对矛盾的斗争性和同一性有一个恰当的认识和把握。将“对立统一”视为辩证法的核心规律，从字面上即可看到，“对立”和“同一”（“同一”和“统一”的含义已如前述）是矛盾的两个最基本的性质，是两个对等的概念。同一是包含着对立的同一，对立是贯穿着同一的对立，离开对立的同一就无所谓同一，离开同一的对立就无所谓对立。如果说矛盾无所不在，是绝对的，那么与矛盾相伴的对立与同一也是无所不在，也是绝对的。“斗争”由“对立”而来，但并非是“对立”的全部。我们说，两座山峰是对立的，它们之间在地壳运动时可能相互“斗争”，在地壳稳定时也可能相互支撑。“两岸青山相对出，孤帆一片日边来”。“众鸟高飞尽，孤云独去闲。相看两不厌，只有敬亭山。”哪里有斗争？我们说，人在一起结成相对的关系，他们之间可能因各谋己利而相互斗争，也可能因共克艰难而相互帮助。势不两立，不共戴天，那是你死我活的寇仇；肝胆相照，荣辱与共，那是休戚相关的朋友。由此可以看到,与“斗争”对应的不是“同一”,而应该是“和谐”。“和谐”由“同一”而来,但也不是“同一”的全部。我们说,物理世界,万有引力,引力在一定条件下会转化为斥力,物体有引力也有斥力,当引力和斥力达到平衡时,物体处于和谐状态,当引力大于或者小于斥力时,物体会坍缩或者爆炸,处于不和谐状态。我们说,人分为男女,男女之间的同一性在于都有爱欲,当两个人相爱时,结合到一起,和谐美满,不相爱时,强扭的瓜不甜,最后很可能劳燕分飞。当然,斗争与和谐,均有许多程度上的不同,简而言之,斗争可以分为对抗性和非对抗性,和谐也可以分为平衡态、近平衡度和远离平衡态,而所谓斗争与和谐只是在两个方向上的大致概括。矛盾的对立性会导致斗争,但斗争是暂时的,有条件的,相对的。矛盾的同一性会达成和谐,但和谐也是暂时的,有条件的,相对的。

正是基于这样的考虑,这里使用的概念是“冲和哲学”,而不是“和谐哲学”。这是因为,如果说“斗争哲学”忽视矛盾的同一性,那么“和谐哲学”则很可能走向相反的另一个极端,即一味地强调矛盾的同一性,忽视矛盾的对立性。“冲和哲学”则可以避免这两个方面的偏颇,兼顾矛盾的对立性和同一性,而且将斗争与和谐都看作是暂时的、有条件的和相对的,以便在冲突中达成和谐。我们并不绝对否定斗争,应该说在一定条件和情况下斗争是必要的和难以避免的,但在任何时候都是非此即彼、以此克彼的“斗争哲学”,不仅不是矛盾的解决方式,反而是在不断地制造矛盾。因为当矛盾的此方克灭了彼方时,此方本身随即又会分成此方和彼方,很快又会陷入斗争之中。所谓“一尺之棰,日取其半,万世不竭”,这是“二分法”的困境。只有彼此相对、执两用中的“冲和哲学”,才能兼顾彼此,使双方在平衡中相互依存,由冲突达成和谐。尽管这也是有条件的、相对的和暂时的，需要不断地在冲突中达成和谐，但这才是矛盾的解决方式。因为除去自然界的自组织和自平衡不说，对人类社会而言，和平与秩序无疑是绝大多数人所期望的。

说到阶级社会，奴隶主与奴隶、地主与农民、资本家与工人，按照过去惯常的认识和说法，剥削与被剥削、压迫与被压迫，两者之间只有斗争没有和谐。从实际情形来看，两者之间的斗争不仅存在，有时的确还异常尖锐和激烈，这一点是勿庸置疑的。但也不总是如此，在很多时候两者之间也可以表现为相对的和谐。对于奴隶主与奴隶，以现代人的观念来衡量，奴隶是奴隶主的私有财产，奴隶主对奴隶可以任意买卖，可以生杀予夺，两者之间怎么可能和谐？但如果我们以历史的眼光来看，就会发现奴隶制之所以能够持续数千年之久，在当时是符合多数人的正义观的，并且由此而生发出了要求奴隶主仁慈和要求奴隶忠顺的伦理系统，当双方都能够依此而行时，两者之间就会表现出相对和谐的关系。到了封建制时代，情形也大体如此。到了近代，对资本家与工人的关系，我们可以看得比较直接一些。在资本主义的前期，多数资本家以增加劳动强度和延长劳动时间的方式尽可能地剥削和压榨工人，造成了资本家的财富不断积聚和工人的极度贫困，使两个阶级之间势同水火。19 世纪，恩格斯所著的《英国工人阶级状况》就是那时劳资关系的真实写照，马克思则在《资本论》中深入剖析了资本家剥削工人以达到资本增殖的实质。经过社会主义运动和工人的不断抗争，资本家也在逐步调整其追求财富的方式。到 20 世纪中后期，西方发达国家普遍发生了变化，科技和管理的创新成为企业竞争的焦点，实行了八小时工作制、最低工资制、双休日和节庆假日，改善了劳动环境，增加了社会保障和社会福利，虽然劳资矛盾依然存在,但两者之间的关系处在相对和谐之中。指出这一点,并非意味着资本主义可以永世长存。这里要强调的是,冲突可以达成和谐,斗争与和谐都是有条件的、相对的,而不是无条件的、绝对的。

说到人类社会的斗争,其最尖锐最激烈的表现莫过于战争。自18世纪英国发生工业革命之后,西方主要国家陆续走上了工业化的道路,到20世纪前期,为了争夺霸权地位,酿成了两次世界大战。第一次世界大战,从1914年到1918年,历时4年,战火席卷欧、亚、非三大陆,军民伤亡超过5500万,参战国家达34个,涉及人口达15亿,战争损失4万多亿美元。交战双方为同盟国和协约国,属于前者的有德国、奥匈帝国、保加利亚和奥斯曼帝国,属于后者的有英国、法国、沙皇俄国、美国、比利时、中国、日本、意大利、希腊、澳大利亚、加拿大、印度、新西兰、南非、葡萄亚等。战争以同盟国的失败告终。第二次世界大战,从1939年到1945年,历时6年(在中国从1937年日本全面侵华算起应为8年),战火波及欧、亚、非、大洋洲与太平洋和大西洋,先后有61个国家、20亿人口卷入了战争,作战地区面积超过2200万平方公里,军民伤亡达9000多万。战争以德国、意大利、日本法西斯等轴心国及保加利亚、匈牙利、罗马尼亚等国为一方,以美国、苏联、中国、英国、法国以及欧洲、南北美洲、亚洲、大洋洲的众多国家为一方,前者为轴心国阵营,后者为同盟国阵营。同盟国阵营最终取得了胜利。两次世界战争相隔只有二十多年,规模是如此之大并且一次超过一次。这使得很多人在反思人类的命运时不免陷入了严重的悲观:人类在努力进行建设的同时也在积累着毁灭的力量,建设似乎是为了毁灭。美国作家海明威,曾作为战士和记者亲历了这两次世界大战,在第二次世界大战结束之后,他写成的著名中篇小说《老人与海》就反映了这样的悲观。小说讲述了一位古巴老渔夫出海捕鱼的故事，老人越过惊涛骇浪，在深海处捕到了一条大的马林鱼，在归途中马林鱼受伤的血腥引来了鲨鱼的攻击，老人一路奋力与鲨鱼搏斗，当他赶走鲨鱼，精疲力竭地回到港口时，马林鱼只剩下了一副刺眼的白骨架。海明威因这篇小说的深刻象征和艺术震撼力而成为诺贝尔文学奖得主。

有人曾对各国历史做过检索，从全世界范围来看，发现自有文字记载以来战争就没间断过，当然这要把局部地区的小规模战争也包括内。难怪毛泽东在《贺新郎·读史》中感喟“人世难逢开口笑，到疆场彼此弯弓月，流遍了，郊原血”。在两次世界大战之后，全人类最具智慧的头脑在寻求避免发生如此大规模甚至更大规模战争的办法。在政治方面，建立联合国以解决国际政治争端。联合国已囊括了世界绝大部分主权国家。其组织架构和组织制度中最具匠心的设计，是安全事务委员理事会的组成和议事制度。五个常任理事国，十五个理事国。常任理事国享有一票否决权，被称做“大国一致原则”；同时理事会决定事务须九票以上赞成，这意味着即使五个常任理事国都同意，只要七个理事国反对或者弃权，决定也不能通过，这被称做“集体否决权”。另外，将第二次世界大战战胜方的五个大国确定为常任理事国，其中有美、英、法三个资本主义国家，还有前苏联以及后来恢复合法席位的中华人民共和国两个社会主义国家，这表明在当时已经超越了意识形态的阻隔。安理会还将战败方的德国、日本、意大利等国也吸纳进来，将德国列为理事国。这样主要的反战力量以及过去曾经是战争策源地的力量都包容进来。这使得大部分争端可以通过会议辩论的方式得到缓冲和解决。在经济方面，建立世界贸易组织、国际货币基金组织和世界银行，用以解决经济往来中的国际争端和问题。西方发达国家在工业化过程中沿用海盗习惯，用武力来争夺市场和原料，这是战争的基本根源。世界贸易组织建立以后，遏制保护主义，取消贸易壁垒，使成员国家大体能够按照约定的规则，以和平谈判的方式解决争端，使武力争夺的必要性大大减弱。世界贸易的打通，使货币和金融问题在世界范围凸显出来，一国出了问题很可能殃及其他国家，使整个世界陷入危机，国际货币基金组织的援助可以缓解乃至化解这类问题。各国经济发展不平衡，发达国家意识到，如果穷国太穷，富国的发展也会受到限制，建立世界银行这样的对穷国进行援助的机制，从长远看对富国也不是坏事。经过上述两个方面的种种努力，虽然有过东西方两大阵营长时间的冷战对峙，核武器竞赛将全世界置于极其危险的境地，局部性的战争时有发生，但六十多年过去了，世界性的大规模战争毕竟没有爆发，为人类赢得了较长时间的和平。从中应该能够看到，这在一定程度上与东西方古人以中庸之道化冲突为和谐的思想是契合的。

第七章　实现创新的根本大法

认识和把握中庸之道可以使事物在冲突中达成和谐。但也要看到:中庸之道讲“执两用中”,这里的“中”可以看作是相对于“两”的“三”。如前所述,事物三生,有“共时三生”与“历时三生”的区别。如果是“历时三生”,相对于已有的两端来说,这个“三”也可以说是新的一端。如果是“共时三生”,“三”与“两”同时存在,则无所谓新旧之别。儒家倡导中庸,在孔子时代着重于希图恢复西周礼制,汉代以后独尊儒术,以至于宋明理学,着重于维护皇权专制下的等级秩序。就这一点而论,中庸之道作为一种社会伦理观,在实际运用中很容易陷入保守。这种倾向延伸到方法论,也很可能会着重于“共时三生”,这将有利于事物原有结构和秩序的平衡和保持,对于事物的创新却并不十分有利。万事万物无不在新旧交替中变化和发展,而新事物的生成往往要突破旧事物的窠臼和束缚,这就需要着重于事物的“历时三生”,致力于探索创新之道。

一、创新的根本之道

创新是人类的本质特征。

儒家的伦理观,并非只是表现出保守的一面,还有要求不断革新的一面。汤之《盘铭》曰:“苟日新,日日新,又日新。”《康诰》曰:“作新民。”“《诗曰》:‘周虽旧邦,其命维新。’是故君子无所不用其极。”(《礼记·大学》)意思是:商汤将铭文刻在浴器上,提醒自已像沐浴一样每天都要洗去尘垢使身心一新。周成王使康叔发布命令,要殷商遗民做新的人民。诗经说,周虽然是旧的邦国,其生命力兴盛强大的根本在于不断地维新,所以有道德的人要无止境地弃旧图新。

自然界的出新,处于无目的无意识的自在自发的变化之中,所以自成法则。人类的创新,则以有目的有意识的“人为人择”为特点,所以须遵循法则。在解决人与自然和人与人的冲突中,人类创造了难以尽数的物质文明和精神文明。物质形态的文明以生产和生活所需的工具、用品、建筑等有形的载体为标志,精神形态的文明则以思想和情感所寄托的宗教、哲学、科学、艺术等抽象的形式为表现,两者之间又相互依存和互相渗透,构成了人类的整体文明。那么,人类创造这一切所遵循的根本法则是什么呢?

一言以蔽之:不同域质事物有机结合生成新的事物。

域,指范围和层次,范围是横向的,层次是纵向的;质,指本质属性和本质特征。总起来说,新事物就是不同范围和层次的不同特质事物之间的有机结合。前文说到“共时三生”和“历时三生”,还说到“内含三生”和“外联三生”。其实不只是“共时三生”因“三”相对于“两”同时存在而不具有创新性,“内含三生”所指的也应该是既成的事物,其中的“三”相对于“两”也是同时存在的,因此也不具有创新性。真正具有创新意义的是经过先后时序的相互外在的此事物与彼事物之间的有机结合。当然,所谓先后、内外乃至新旧也都是相对的,之所以作如此分梳,重点在于说明同一事物或相同事物之间是无法生成新事物的。正如史伯在《国语·郑语》中所说:“和实生物,同则不继。以他平他谓之和,故能丰长而物归之。若以同稗同乃尽弃矣。”孔子将“和”与“不同”引伸为道德尺度,说:“君子和而不同,小人同而不和。”天地之间,阳光雨露、温度湿度,分别为不同事物,相互交合而成生新的事物。植物、动物,分别为雌雄,相互交合而生成下一代。所有创新,归根到底,无不是这样一幅图景。

人类文明开启,两块石头相击相磨而成石刀,石刀绑于木柄而成石斧。泥土、矿石经过火烧,做成陶器、铜器、铁器。植物种子埋进土里生成稼禾、果蔬,动物经过豢养成为家禽、家畜。牛套犁铧成为耕牛,马系鞍羁成为战马。这些都很遥远了,较切近的可以看到蒸汽车、电动机、计算机等一系列对工业制造形成巨大推动的发明创造。

蒸汽机的发明,最早可以追溯到公元1世纪古希腊数学家希罗发明的蒸汽球。到1679年,法国物理学家丹尼斯·巴本看到蒸汽在喷出高压锅时产生的冲击力,制造了第一台蒸汽机工作模型。托马斯·塞维利于1698年,托马斯·纽科门于1712年先后制造了早期的工业蒸汽机。但其时的蒸汽机存在着耗煤高、工作效率低等明显缺陷。詹姆斯·瓦特致力于蒸汽机的改进,1776年制造出第一台具有实用价值的蒸汽机,此后又进行了一系列的改进,使之成为在工业中可以广泛应用的动力机械。针对纽科门蒸汽机的缺陷,瓦特首先加进一个可以制动的阀门使冷凝器与汽缸分离,然后又不断增加新的装置,使蒸汽机的效率较先前提高了5倍。这个过程漫长而复杂,但归结起来,无非是在蒸汽压力与物体结合形成运动的基础上,不断使蒸汽机与其他的装置和材料相结合,使之具有新的性能以合乎使用的目的。

1752 年富兰克林用风筝揭开了雷电的秘密，发现了电。19 世纪初，丹麦物理学家奥斯特产生了将电与磁相联系起来的想法，并进行了长期的探索。1820 年他终于发现了电流对磁针的作用，即电磁效应，发表了《关于磁针上电冲突作用的实验》一文，对物理学界产生了巨大影响，开辟了物理学研究中称做“电磁学”的新领域。英国科学家迈克尔·法拉弟从中受到启发，想到如果磁铁是固定的，用导线绕成线圈，线圈通电后会围绕磁铁旋转，用磁铁和线圈做成一个简单装置，成为电动机的滥觞。此后，法拉弟做进一步的探索，仔细分析电磁效应，认为既然电能够产生磁，反过来磁也应该能够产生电，经过十多年的努力，终于在实验中证明，两个线圈做相对运动，磁力线被切割会产生电流，由此而发现了电磁感应定律。以此为依据，1831 年他发明了圆盘式发电机，开创了人类的电气化时代。这一过程也相当漫长和复杂，但归根到底是将电和磁这两个不同域质的事物有机地结合起来。

人类的计算工具经历了从简单到复杂、从低级到高级的发展过程，从结绳记事、算筹、算盘、计算尺、机械计算机，直到电子计算机。随着电子科学和计算数学的发展，1946 年，美国因军事用途的需要，在宾夕法尼大学制造出了世界上第一台电子积分数字机算机。半个多世纪以来，电子计算机经历了多个发展阶段。第一阶段是电子管数字机，主要构成是：逻辑元件采用电子真空管，存储器采用汞延线、阴极射线示波管静电存储器、磁鼓、磁芯、磁带，加之机器语言和汇编语言。第二阶段是晶体管数字机，主要构成是：逻辑元件采用晶体管，存储器采取磁芯、磁盘，加之批处理操作系统、高级语言及其译编程序。第三阶段是集成电路数字机，主要构成是:逻辑元件采用中、小型集成电路,存储器采取磁芯,加之分时操作系统以及结构化、规模化程序设计方法。第四阶段是大型集成电路数字机,主要构成是:逻辑元件采用大型、超大型集成电路,加之数据库管理系统、网络管理系统和面向对象语言等。谈电子计算机的发明,不能不谈到美籍匈牙利数学家冯·诺依曼。他在数理逻辑、集合论、谱理论、遍历理论、几何学、代数学、数理经济学等方面有诸多杰出贡献,1945 年提出了 ENIAC(电子离散变量自动计算机)设计报告,采用存储程序和二进制编码,确定了计算机的结构,对计算机的设计有着决定性影响并至今被设计者所遵循,因此被称为“电子计算机之父”。这些问题都异常复杂,非专业学者不能明白其堂奥,但归结起来又无非是电子的物理特性与数学运算法则的结合,是硬件与软件的结合,其中二进制是将两者结合起来的有机点。谈到二进制不免会联系到 17、18 世纪之交的德国科学家和哲学家莱布尼茨,据说他的这一发明是受了中国伏羲八卦图的影响。在二进制中,0 与 1 的组合可以囊括所有数字,而八卦图的阴爻与阳爻的组合也可以表示宇宙万物。两者相对应,坤卦为 000,乾卦为 111,震卦为 001,艮卦为 100,等等。笔者认为,0 与 1 也可以表示无和有,因此其对应的并不是阴爻和阳爻,而是“易有太极”或者“道生一”,无中生有,是宇宙万有演化的起点。如果此说不虚,那无疑是东方与西方、哲学与数学、数学与科技之间奇妙的交合。

牛顿将伽利略对自由落体运动的研究与开普勒对天体运动的研究结合起来,将两者纳入统一的视野,创立了经典力学。爱因斯坦将弯曲的时间与空间结合起来有效地解释了以光速运动的物理世界,将质量和能量守恒定律结合起来得出统一的质能公式,创立了相对论。众多科学家致力于微观粒子运动规律的探索，其间有着一系列关于异质事物的结合，最突出的如波粒二象性、连续与不连续，正是此类结合与统一揭示了粒子的结构和性质，创立了量子力学。而相对论和量子力学又作为两大支柱构成了现代物理学的理论基础。20 世纪中叶以来，人类的科学发现和技术发明迅速增长。据估计，人类在这一时段获得的科技知识占到有史以来科技知识总量的 90% 以上，而且还在加速增长。新的科技知识在增长，新的学科也在不断涌现，当今学科总数已达到 6000 门以上。而新知识和新学科，大体上是已有知识和学科的综合和交叉而成。如物理学与化学结合形成物理化学，化学与生物学结合形成化学生物学，物理学与生物学结合形成物理生物学，心理学与医学结合形成心理医学，等等。社会科学领域也复如此，人类学与社会学结合形成人类社会学，制度学与经济学结合形成制度经济学，法学与心理学结合形成司法心理学，管理学与心理学、生理学、社会学结合形成行为科学，等等。同时，自然科学与社会科学交叉结合又在形成许多新的学科。而贯穿其中的无非是将不同域质的事物有机地结合起来。

二、创新组合中的异同度

事物的构成无不是对立中的同一，对立也可以理解为差异，因为如果没有差异，对立面便无法区分。黑格尔在《小逻辑》中分析“对立的统一”时就曾经反复谈到差异和同一的统一。说到差异，过去在讨论矛盾学说时，有过关于“差异即矛盾”的争论，那是因为过分强调了矛盾的斗争性，认为斗争性是绝对的，“差异即矛盾”意味着有差异就一定要斗争，这使人费解。前文已经反复谈到，有矛盾并不意味着就一定要有斗争。现在我们对矛盾的斗争性做了适当的限制，指出斗争与和谐都是相对的，对立和同一才是绝对的，这种概念上的纠结应该冰释。那么，对立可以理解为差异，事物的构成也就可以理解为差异中的同一。古人讲“和实生物，同则不继”，讲“和而不同”与“同而不和”。“不同”自然是差异，而“同”应该指无差异，与我们现在所说的差异中的同一在含义应该有所区别。问题是在创新中，不同域质事物的有机结合，差异和同一应该如何选择？两者之间是任意的，还是需要把握恰当的度？在生物杂交中这个问题表现得非常明显。

中国古人早就进行过这方面的试验。自然界原本没有金鱼。最晚自宋代以来，人们开始将野生变异鲫鱼培育为金鲫，用人工饲养金鲫杂交，选育出上百个品种的金鱼。以头型计，有高头、虎头、鹅头、寿星头、猫狮头、兰寿头、皇冠头等；以眼睛计，有正常眼、龙眼、朝天眼、水泡眼等。就色彩而言，黑色素细胞、橙黄色素细胞和蓝色反光组织，这些都是野生鲫鱼的原始成分，家养金鱼的色彩则是这三种成分重新组合和分布，加强或者减弱。金鱼婀娜多姿，五彩缤纷，真可谓水中仙侣。其实稻、黍、稷、麦、菽，牛、羊、猪、鸡、犬，都是经人类世世代代改良的结果。经过长期的实践，人们早已认识到，无论动物植物包括人类，近亲不可交合和婚配，那是因为同一性太大了，“同则不继”。那么在两者之间是不是差异度越大越好？答案应该是，差异性要尽可能的大，这会使创新的事物具有显著的优势，但差异性也并不是越大越好，那会造成因同一性太少而出现病态或者根本无法结合。最突出的是，不同品种的马杂交可以选育出优良品种的马，驴也如此。但马和驴杂交生出的是骡子，骡子兼有马的体力和驴的耐力，可以使役，但性征不健全，不能再繁殖。而同为家畜的偶蹄类的牛和羊则根本无法杂交。由此表明，创新必须恰当把握不同域质的事物之间的异同度。

现代生物遗传学的形成，要追溯到19世纪中叶奥地利的孟德尔。为了培育作物的优良品种，孟德尔经过多年的豌豆杂交试验，总结出了分离规律和自由组合规律。分离规律是说，基因作为遗传单位在体细胞中是成对的，在杂种细胞中彼此分离和独立，通过基因重组在子代继续表现出各自的作用。自由组合规律（亦称自由分配规律）是在分离规律的基础上，进一步揭示多对基因自由组合的关系，表明不同基因独立分配是自然界生物变异的重要来源之一。对此，现代生物学的解释是，当两对（或更多对）相对性状的亲本杂交于子代产生配子，在等位基因发生分离的同时，非同源染色体上的非等位基因表现为自由组合。孟德尔的成果曾长时间未受重视，到1900年被重新发现后，人们在多种动植物杂交试验中，又发现属于两对性状遗传的结果，有的符合自由组合规律，有的不符合。美国生物遗学家摩尔根以果蝇进行杂交试验，最终发现不符合自由组合规律的遗传现象属另一类遗传，最终总结出遗传学中的第三条规律，即连锁遗传规律。这条规律表明，原来作为同一亲本所具有的两种性状，在遗传中常常有连系在一起的倾向，而这是由于生物基因在染色体上呈现出一定间隔的直线排列的缘故，因此形成了连锁遗传。生物遗传学是当代科学中最重要的学科之一。我国在实际应用中杂交水稻是一个明显的例证。

依照常识和一般推理，水稻作为自花传粉植物不具有杂交优势。1960年，袁隆平在其工作的湖南农科院早稻常规试验田中看到一株特殊的植株，次年春天将这株水稻的籽粒种在试验田里，结果证明这是一株天然杂交水稻。于是，他突破传统思维的束缚，开始进行人工栽培杂交水稻的探索。在此后两年水稻开花的时节，袁隆平下功夫在稻田找到了数株雄性不育的植株。所谓雄性不育，是指雄性花粉退化而雌性花蕊正常的母水稻，由于自身不能授粉，只有依靠外来花粉才能受粉结实。此后花了数年时间，用了1000多个品种，做了3000多个组合，但都未能达到理想的效果。他又跳出原来的思路，不再采用人工栽培的品种，而是下功夫寻找远缘的天然品种。终于在离湖南较远的海南野生稻群落中找到一株雄性败育植株，经过野败与广场矮、京引66等品种的测交，发现其对野生雄性败育有保持能力。接着在各地科技人员的参与下，选用1000多个品种进行了上万个测交和回交转育的试验，选种概率大大增加。1973年，他发表论文宣告籼稻杂交“雄性不育系”“保持系”和“恢复系”三系配套成功。所谓保持系，是指一种正常的水稻品种，其花粉授给不育系所产生的子代仍然是不育的，这样雄性不育就可不断保持下去。所谓恢复系，是指一种正常的水稻品种，其花粉授给不育系所产生的子代雄性恢复正常，可以自交结实。有了三系配套，水稻杂交技术臻于成熟，稻米产量和质量均有大幅度的提高。接着袁隆平又提出了将三系法逐步简化为两系法乃至一系法的设想。所谓两系法，是指一种育性转换与日照和温度密切相关的水稻，在长日高温条件下表现为雄性不育，在短日平温条件下恢复雄性可育。所谓一系法，是指杂交优势不会轻易变异，不需要年年育种。1995年，两系法在实验中取得突破性进展，并被大面积推广，每公顷产量较三系法增加1000公斤以上。在此基础上，他又致力于超级水稻研究和实验，亩产已经突破900公斤，正在向1000公斤冲击。袁隆平被誉为“杂交水稻之父”，为解决人们的吃饭问题做出了巨大贡献。

近代中国，自西风东渐以来，在如何对待外来文化和传统文化的问题上一直存在着所谓“体用之辩”。先是迫于坚船利炮的威力，不得不承认西方列强在科学技术上强于我国，但出于皇权官僚势力的惯性思维和实际利益的需要，又希图保存固有的纲常名教和典章制度，于是张之洞提出了“中体西用”。及至洋务运动失败，列强瓜分中国疆土，到戊戌变法特别是辛亥革命，虽然有过康有为的托古改制，但从根本上说大致已是效仿和移植“西体”了。到第一次世界大战结束，巴黎和会丧权辱国，五四运动爆发，“全盘西化”成为高张的旗帜。在19世纪末和20世纪初，面对体用之辩，严复曾指出体用不可分割，不过作介绍西学的第一人，倡导向西方学习是他的主要倾向。我们一定要看到，凡事物有体必有用，体是本体，用是功用，体用不可能截然分开。在对待外来文化和传统文化的关系问题上，我们不可能只要中国的体而不要中国的用和只要西方的用而不要西方的体；反之亦然。正确的态度应该是，无论西学中学，均须去粗取精，使之在基因层次上连体带用结合起来。恰如袁隆平之于杂交水稻，各取花粉和花蕊，使两者在基因也即精华层面上有机结合。可能有人会说，体用之辩实际上要说的是本末和主次问题。那么我们要问，生物繁衍，父与母，何者为本为主，何者为末为次？可能有人又会说，植物杂交不只是花粉授受，也有采用干枝嫁接者，如“梨苹果”“梨枣”等。那么我们又要问，这样的嫁接，梨为体，苹果和枣为用吗？抑或是相反？可以预想，摆脱体用分割观念的束缚，立足于中外文化基因也即精华的结合，必将创造出兼具两者优势而摒弃各自劣势的崭新文化。当然，文化的结合远比某种动植物的杂交要复杂得多，但经过艰苦的实践和不断的取舍，总能找到其间恰当的异同度，使之有机地结合起来。

三、创新中的革命与改革

创新时常进行，人们对于创新有种种认知，但作为一种专门的系统性的概括，是到 20 世纪前期美籍奥地利经济学家熊彼特所提出的关于创新的经济学理论，被称为熊彼特创新理论。这一理论着眼于技术与经济的结合，探讨技术发明和组织创新在经济发展中的作用，以此来解释资本主义的本质特征，指出其发生、发展和走向终结的趋势。

熊彼特认为，创新是资本主义经济发展的根本动力，没有创新就没有资本主义的发展。为此，他从技术、产品、市场、资源配置、组织制度等多个方面对创新做了归纳。其要点是：

1. 创新是经济发展内在的本质要求。熊彼特用创新来解释经济发展的内在机制，对经济增长和经济发展进行了区分。他认为，如果经济增长仅仅是由资本与劳动力在数量上的增加所导致，还不能看做是发展。因为它没有在质上产生新的现象，而只是同一种经济活动的适应过程，是一种自然数据的变化。发展是一种特殊的现象，与在循环流转中或走向均衡的趋势中可能观察到的情形完全不同。它是流转渠道中一种自发的间断的变化，是对均衡的干扰，它永远在改变和取代以前存在的均衡状态。所谓发展理论，只不过是对这种现象和伴随它的过程的论述。他指出，经济增长的确能够导致经济生活的变化，但这不是唯一的变化；还有一种变化是从内部发生的，许多经济现象要由此来说明，而这种变化就是创新。

2. 创新意味着“革命性”的毁灭。为了说明这一点，熊彼特作过这样的比喻：无论将多大数量的驿路马车或者邮车连续相加，也绝不可能等于是得到一条铁路。由此可以形象地看到，一定是事物在性质上发生了根本性的变化，而且这种变化往往具有突发性和间断性的特点，创新理论所要研究的正是这样的问题。创新同时意味着毁灭。根据产品和技术创新的需要，生产要素要有新的组合，通常来说，“新组合并不一定由控制创新过程所代替的生产和商业过程的同一批人去执行”，由于铁路建筑是对驿路马车的否定，铁路建筑的创业者大多不再是驿路马车的运营者。在竞争性的经济活动中，新组织的出现往往伴随着旧组织的消灭。创新和毁灭可能发在不同的经济实体之间，但随着经济实体规模的不断扩大，创新则更多地表现为原有经济实体的内部更新。

3. 创新必须能够创造出新的价值。熊彼特认为，先有科学技术上的发明，后有经济组织上的创新。发明是新工具和新方法的产生和形成，而创新是新工具和新方法的应用。“只要发明还没有得到实际上应用，那么在经济上就是不起作用的。”这实际上是强调科技发明的实用性和市场价值。这一点毫无疑问是对的，但他将发明和创新看作是两回事，只不过是概念上的细分。事实上科技发明和生产要素在企业的重新组合都是创新，是不同阶段上的创新,后者是不可缺少的,而前者具有基础性的作用。

4. 创新的主体是企业家。熊彼特将生产要素新的组合的实现称为企业,将能够实现这种组合的人称为企业家。这就意味着,一般的企业主和经营管理者不一定都是企业家,只有实现了某种新的组合才能算是名副其实的企业家。由此,企业家不再是一种职业上的称谓,一般来说实现新组合也不是一种恒久的状况,所以企业家并不形成一个专门意义上的阶级。对企业家作如此界定,显然是要强调创新的重要性和特殊价值。在激烈的市场竞争中,创新精神的有无的确关系企业乃至整个经济活动的兴衰长消,至于企业家是不是一个阶级或者阶层,那是另外一个问题,此处姑置不论。

熊彼特对创新阐述使用了“革命”这样的概念,其实是在强调创新的必要、不易以及引起的毁灭和震荡,是一种借喻。革命一词,在中国最早见于《易·革·彖辞》中的“汤武革命,顺乎天而应乎人”。按照中国古人的天命观,统治者之为统治者,是要符合天命人心的,否则就可以革命,以新的统治者取代旧的统治者。汤是商汤,武是周武,所革之命是夏桀和商纣。后世说到革命,通常是指动员社会力量以暴力的方式实现政权的更替。革命一词被引申开来,泛指重大的、剧烈的、根本性的变革,如工业革命、科技革命、文化革命、观念革命,连生物学也使用这样的概念,如种子革命等。与革命既相联系又有区别的是改革。在社会领域,改革基本上是专指在不改变根本制度的情况下,由执政者对经济、政治、文化以及社会其他方面的具体制度进行变革,为了使根本制度与具体制度相区别,具体制度的变革也叫做体制改革。一般来说,改革相对于革命,在新旧事物的更替上显得不那么剧烈,不那么具有间断性和毁灭性，因此也不那么具有根本性。当然，改革一词也是引申而来，历史上曾经叫做改良或者革新。

自然界每日每时都在发生变化和出新，但由于是无目的和无意志的，新旧事物之间的更替无论是否剧烈，是否具有革命性和毁灭性，都是一个自组织、自平衡和自洽的过程。人类创新生产工具，石器代之以金属工具，手工工具代之以大机器，由于工具本身也是无目的和无意志的，旧的工具会被毁弃，新的工具被使用，旧工具不会对新工具进行反抗，新旧之间不会发生冲突和不和谐。但工具的创新会引起生产组织的变化，旧的组织被新的组织所替代，这种替代会引起人们在利益上的改变，合乎这部分人的目的，而未必合乎另一部分人的目的，于是便引起了人们之间的冲突和不和谐。这种利益上的改变还会由生产领域、经济领域扩展到整个社会领域，于是便导致了人们在更大范围之内的冲突和不和谐。在对社会组织和社会制度的创新上，这就有一个是用革命的方式还是用改革的方式的问题。

在人类社会组织和社会制度的漫长演进中，氏族社会代之以奴隶社会，奴隶社会代之以封建社会，没有不进行暴力革命的。17世纪以来封建的和专制的社会代之以资本主义社会，在绝大多数国家也是通过暴力革命实现的。从19世纪到20世纪以来在一些国家发生社会主义革命，也是如此。但是，自20世纪以来一些国家发生并发展起来一种被称做非暴力革命的运动，而且也逐步达到了社会组织和社会制度创新的目标。

如果对这种取向做历史的回顾，最早可以溯及中国商周交替之际的伯夷、叔齐。商朝末年，伯夷、叔齐作为孤竹国君的两个儿子，父亲死后互让君位不肯就国，又因对商纣王的残暴统治不满而避居远方。后来听说周文王仁德，又到了周。周文王死后，周武王起兵伐纣，兄弟两人叩马谏阻而不得，悲叹“以暴易暴，不知其非矣”，终以不食周粟而饿死于首阳山中。他们的精神为后世所颂扬，但历史却一直在以暴易暴的循环之中。这样的主张不免使人觉得，仁则仁矣，但迂阔无用。到春秋战国时期，墨子接续并发扬了伯夷、叔齐兄弟的精神，提出了“兼爱”“非攻”的思想。有所不同的是，墨子并非一味地主张道德劝善，他在倡导“非攻”思想的同时，还准备了可以制止进攻的物质技术力量。大约主要是由于不符合统治者的需要，在先秦时曾经与儒家同为显学的墨家，在后世未能得到推崇和发扬。过去了 2000 多年，我们才看到，在 19 世纪俄国沙皇统治的末期，托尔斯泰提出非暴力抗恶的思想。他以其文学作品揭露和批判了俄国社会的种种苦难和不公平，但反对以暴易暴，主张非暴力抗恶，试图以道德批判和劝善来改变这一切。这就遭致了主张暴力革命的列宁的批评，列宁认为他作为文学家是伟大的，但作为提出救世新路的先知是可笑和可怜的。但就在 20 世纪前半叶，俄国、东欧以及亚洲、美洲的一些国家进行暴力革命的同时，印度的甘地受到托尔斯泰的思想影响，不惜以牺牲生命为代价，以毕生的努力坚持了非暴力不合作运动，这场运动旷日持久，但毕竟使印度最终摆脱了英国的殖民统治。受到甘地的影响，南非曼德拉参加主张非暴力抗争的非洲国民大会，成功组织和领导了“蔑视不公正法令运动”，并以 27 年的监狱生涯推动了英国殖民统治在南非的瓦解，为非洲人民赢得了权利和民族独立。同样是受到甘地的影响，马丁·路德·金倡导“非暴力”和“直接行动”

作为社会变革的方式，坚持不懈地领导反种族歧视运动并为此而牺牲了生命，最终为美国的有色人种赢得了与白人平等的民权。其实不止这些，自19世纪后期法国巴黎公社革命之后，西方各国的工人运动，从20世纪后期至今，各殖民地国家和落后国家的各种抗争，大多以罢工、游行、静坐等和平方式进行，已经成为世界潮流。

这里不是在笼统地否定暴力革命，而是要指出单纯的以暴易暴不可能使人类摆脱暴力循环。美国政治学家摩尔·巴林顿在所著《民主与专制的社会起源》中肯定了暴力革命在现代化进程中的作用，他讲到英、美、法等国的资产阶级革命的道路，讲到德、日等国经过法西斯反动的资本主义道路，讲到以俄国和中国为代表的共产主义道路，同时也注意到了印度未经暴力革命的反证。现在要指出的是，近代以来，即使暴力革命是可取的，那也是在革命之后一定要建立一种非暴力的权力更替机制，也即通过和平竞争由民众定期选择管理者，以走出暴力循环的怪圈。印度、南非等国开辟非暴力抗争的道路，可以说其人道精神更为彻底，其现代化步伐虽然缓慢，但毕竟已经起步，而且在日益加快。这是人类花了几千年时间付出了无数生命的代价才找到的推动社会变革的道路。这些成功的例证，应该说与世界范围内不断发生暴力革命并对外来以及本国统治者形成压力也不无关系，而且我们也不能指望在可预想的未来构筑一个能够完全消除暴力对抗的乌托邦世界，但是暴力无论出于何种目的和假以多少高尚的名义，总是要死人的，生灵涂炭，血流成河，因此绝不应该是生命本来的目的和含义。非暴力抗争也需要付出代价，但以少数领袖人物的牺牲代替民众大规模的牺牲，于人道主义显然是值得的。

前文已经谈到治乱循环的问题，此处不妨从创新的角度再作探讨。时至今日，社会治理者和广大民众，无论如何都应该确立这样理念：创新将引起旧事物代之以新事物的革命性变化，但在社会政治领域，可以用和平的改革的办法解决的问题，绝不用暴力的革命的办法来解决，应该尽最大可能用改革来促成变革。改革使事物发生渐进的和相对温和的变化，但积累到一定程度也会使事物发生根本性的变化，其时社会也可能会发生震动，但震动的幅度要小一些。暴力革命使事物发生激进和剧烈的变化，但形成的所谓新事物往往似新却旧，而且如果不以建立权力和平更替的体制和机制为鹄的，将不能最终摆脱以暴易暴的循环。

第八章　辩证思想的恰当概括

辩证法源于古希腊哲学，意指在辩论中揭示对方的矛盾并克服矛盾以达到真理的方法。原本主要属于语言技巧，经过一系列的发展，到近代，德国哲学家黑格尔铺陈发微成一种完整的体系，与形式逻辑相区别而被称做辩证逻辑。黑格尔的辩证法经过马克思主义的批判与改造，经由苏联在我国传布，已近乎教条。在中国古代哲学的发展中也有过许多辩论，如前面提到的名家即以此著称，其他各家相互之间的辩难也在所不免，但可惜名家未能有著作传世，因此也就未能作为专门的方法论加以提炼，此类思想只是散见于各家的观点之中，所使用的概念与西方也有所不同。如中医理论中有所谓辨证施治，"辨证"而非"辩证"，意指通过对病因的辨别和求证，对症施以药石针砭，使阴阳达到平衡，疾病得以治疗。仅就这一点而言，"辨证施治"与笔者今天对辩证法的理解有颇多吻合之处，在冲突中求和谐，在两难中求创新。辩证法有着丰富的内容，结合中国的语境，对其作怎样的集中概括，才能更简约、更准确且更容易理解和把握？

一、"冲和"与对立统一

任何事物莫不由对立面构成统一体,对立统一规律是贯穿于辩证法的根本规律。前面谈到,在过去很长一段时间里,人们将表现为"二分法"的矛盾学说等同于对立统一规律,并且在很大程度上将矛盾学说等同于辩证法,以为理解和掌握了"二分法"的矛盾学说也就理解和掌握了辩证法。

从古希腊哲学到黑格尔哲学,矛盾这一概念的确经常被使用。亚里士多德用矛盾来概括形式逻辑的矛盾律,黑格尔用矛盾来概括辩证逻辑的对立统一规律。应该看到,矛盾这样的概念,在矛盾学说中将斗争性强调到绝对的程度而使得人们对事物辩证关系的表达发生了偏颇;仅就词义而言,"矛盾"本身就存在着这样的缺陷。前文已经谈到,矛盾是分别用于进攻和防御的两种功能相反的武器,用矛盾一词作为一种借喻来概括事物的两面,人们直接想到的会是厮杀,会是战争,是事物两面的相互否定、排斥和斗争,而很难想到两者之间的直接同一、相互依存和相互转化。矛与盾的同一性无疑是存在的,它们之间的直接同一性在于都是武器;它们相互依存,没有矛就无所谓盾,没有盾也就无所谓矛;它们相互转化,矛也可用于防御,盾也可用于进攻。但这种同一性是隐性的,需要经过深入分析才能意识到。矛盾用于厮杀和战争,由此而构成了厮杀和战争的统一体,这也是隐性的,也需要经过深入分析才能意识到。

使用冲和这样的概念,情形就大不一样了。老子说:"万物负阴而抱阳,冲气以为和。"以阴阳来描绘和比喻事物的两面,向光的一面为阳，背光的一面为阴。两相对比，对立是明显的，阳带来温暖，阴带来寒冷，冷暖相互否定、排斥乃至斗争。用阴阳来概括事物的两面，虽然对包含其中的第三者，在理解上有前面谈到的“阴阳三合”的困难，但两相联系，其中的同一还是比较明显的。两者直接同一于光照，是在光照下的不同表现；两者相互依存，没有阳就无所谓阴，没有阴也就无所谓阳；两者相互转化，日有昼夜更替，月有朔望轮转，年有寒暑易节，周而复始，未有尽头。重要的是，就字面的含义而言，冲可以表示冲突，一定是指同一事物的两个不同方面或两个不同事物之间才可能发生的相互否定、排斥乃至斗争的倾向。更重要的是，和表示和谐，可以指明同一事物的两个不同方面或两个不同事物之间相互肯定、吸引和平衡。可以说“冲”字与“矛盾”一词在含义上基本等值，由“冲”字涵盖“矛盾”一词，再加上一个“和”字，组合为“冲和”一词，可以明白无误地表示事物对立的两面或两个不同事物之间在冲突中达至和谐。而这些都是比较直观的，不需要做过多的分析就可以明确地意识到。

应该注意，在德国古典哲学中已经明确谈到对立的事物综合为第三者。费希特在其《全部知识学的基础》中指出：“两者相互规定着，本身就是综合了的统一。”①并且认为“作为综合体是由本质上的对立性与实在性的扬弃两者的同一性构成的。”②他还进一步指出：“两者必须综合地统一起来，并且统一要通过在其中两者彼此相同的第三者，通过可规定性。”③黑格尔在其《哲学史讲演录》中谈到：“发展的果实，那第三者，乃是运动的结果。就它只是一个阶

① 费希特：《全部知识学的基础》，北京：商务印书馆 1986 年版，第 86 ~ 87 页。

② 同上书，第 102 页。

③ 同上书，第 126 页。

段的结果而言，它是这个阶段的最后者，但同时它又是另一发展阶段的出发点和最先者。”①从人们的直观理解上看，如果用矛盾来概括对立统一，所能想到的很可能是非此即彼和以此克彼，而很难联系到两者综合起来成为第三者。如果用冲和来概括对立统一，指明事物两面或不同事物在冲突中达成和谐，自然会联系到“和实生物”，有差异的不同的事物结合而生成新的事物。考虑到事物演化中的分与合，如果要对“冲和”进一步解释，就应该是：“一分生二，二合生三。”这样一来，既可以表示事物两面或两个事物之间的对立统一，也可以表示事物两面或不同事物之间在不断的分与合中变化和出新。说到这一点，其实连“对立统一”这样概括，对于事物的辩证演化过程的表达也并不是十分恰切的。因为就其直观的含义来看，对立统一可以理解为一物分为两面；前面对于“一分为二”的必要和缺陷已多所论述，为了避免对“合”的忽视，可以再加上两面合成一物。用中国的哲学语言来说，那就是“一分为二，合二而一”。但这在含义上会使人有颠倒重复之感，不过是说一物分为两面、两面合成一物，所不同只是从分与合的不同角度来看待事物而已，并不能从中看到事物由旧而新生生不息的演化过程。要指明两者综合成为第三者，还必须像费希特和黑格尔那样另加申说。由此看来，要既简约又完整地表示事物在对立统一中不断变化和出新的辩证过程，当属“冲和”，当属“一分生二，二合生三”。

这里还必须指出，对于事物演化的辩证过程，不可以只是理解为“一分为二”和“二分法”，也不可以归结为“一分为三”或者“三

---

① 黑格尔：《哲学史讲演录》第1卷，北京：商务印书馆1959年版，第31页。

分法”。前面已经谈到庞朴注意到了刘咸炘关于“一分为二,二合为三”的论述,但未能将其纳入反映事物演化的方法论的总的概括,在此不妨再略作申说。刘咸炘生命短促,只活到三十六岁,但著作宏富,达二百三十多种,有很大一部分关乎哲学。其中,有《两纪》,有《一事说》;有《左书》《右书》《内书》《外书》,还有《中书》等。他在《两纪》中说“凡有形者皆偶,故万事万物皆有两端”,说“阴阳虚实,源流始终,古今往来,南北西东,出同入异,别私共公,无非两端之义”。“纪”有记载、法度、头绪等含义,明确指出了事物分为两端的普遍性。但他又强调指出“不可泥视,也勿视作相对论、二元论”,说“大抵合则为圣道之中,分观而不偏执,而为道家之精”。他将人生态度概括为三种:执一、执两、用中(守一、得一)。他说“夫至于守一,则将入第三之高级、老孔之正道矣;老谓之得一,孔谓之用中,此即超乎往复者也”。他反对偏执于一端,并对执两做了真假的区别;说“执两”较之“执一”,“多算一筹”,“可以矫正极端”,但可能流于浅薄。说“子莫、乡愿似执两而非真执两”,“子莫执中,实是执一”,乡愿“是不能御变”。可以理解为,子莫执中而不知权变,实际上也是一种偏执,而乡愿则总是模棱两可而不能与事物的变化相适应,这都不是真正执两。这实际上是对孟子提到的子莫和孔子所说的乡愿(类似于今天所说的对教条主义和折中主义)的批评。那么,第三种才是老子和孔子的正道,老子的说法是“得一”,孔子的说法是“用中”。其实老子固然多用“守一”“得一”之类说法,但如我们在本书中反复说到,正是老子将“三”强调出来用于对宇生图景描写的。孔子说“用中”,显然是指中庸,执两用中,中是相对“两”的第三点。刘咸炘还指出了其“第三之高级”的特征是“皆有皆不“或“两有两不”,实际上是我们前面谈到的“亦此亦彼”“非此非彼”。刘咸炘还说:“中难见也,必以两有、两不见之;两有又难明也,必以两不明之”。这类似于我们前面谈到的“隐性三生”与“显性三生”。他还说,“道家明乎纵之两,故从常御反复焉”;“儒家明乎横之两,故以中行折狂狷焉”。以纵横论之,这又类似于我们所说的“历时三生”与“共时三生”。他甚至谈到:“西洋名理已以拒(排)中律为根,非甲即乙,长于分”,“印度好用两不之法,长于超;中国则好两即,长于合,超乃合之负面。西人今日亦觉分之非,而趋于合矣”。这些概括不一定都很准确,但他在“从一到二”和“从二到三”环节之间加上了“分”与“合”,而且在所著《中书》中明确写到“一分为二,二合为三”,这显然是对《老子》关于宇生图景描写的深化,作为后世学者,其功必不可没。

庞朴不只是在为《一分为三论》定名时对“合”在事物演化中的意义未作考虑,而且在书中论述时也不断使用“三分”这样的概念,以至于学界将其称为“三分法”论者。这是笔者对其著述少有的不同意之处。事物“从一到二”是分的,“从二到三”不是分而是合的。我们常说事物分为左、中、右,上、中、下,实际上是一种习惯性的省略和粗疏。对于一物首先要分出左右、上下,然后再相对于左右、上下来确定中,中是由左右、上下交合而成的。至少人们在对事物进行逻辑判断时是如此。中国人过中秋节要剖饼分瓜,可以试想,一刀下去可以分为两块,要得到第三块,还须再切一刀,第二刀也是一分为二,但第三块分明是两刀下去,两个切面合起来而形成的。“一”是不可能直接分为“三”的,只能先分为“二”,然后由“二”合成为“三”。本书对此已多所论述,世间万物莫不是分解和化合而成的,分中有合,合中有分,分分合合,无穷匮焉。进一步要说的是,“一分为二,二合为三”,“为”字在其中只是一个连接的介词，还是保留《老子》的表达，使用“生”字，调整为“一分生二，二合生三”，可以更好地反映人们对宇宙万物生生不息的理解。事实上庞朴在阐释刘咸炘的思想时已经使用了“生”字，说“此中路数——由执两而用中，合对立而生三的路数”。[①] 只可惜他没有将这样的见解纳入其总的概括。

如果这些辨析可以成立，冲和论及其通俗表达“三生法”，应该说是对用辩证思想反映事物演化的最恰当的概括。

二、“冲和”与质量互变

自然界的一切是自在的和无意识的，一切存在就是它自身的样子，因此被称做自然。但是，人类要认识和改造自然，就不免要对自然进行分析和综合。康德说，人类为自然立法，仅仅意味着人类只能认识其所能感知的自然。如果这意味着自然的存在取决于人类的意志，这种说法无疑是夸大了人类的能力和作用。人类在自然界的各种生物中是最有灵性的，但毕竟是自然的产物，是自然的一部分。人类要为自然立法必须遵循自然的本有之法，用老子的话说叫做“道法自然”，用今天的话说叫做“主客观一致”。这本身就是对立统一的关系，也是在冲突中达至和谐的关系。

人类在描绘包括自身在内的自然万物时，很早就发明了数的关系。然而，世间万物不仅存在着数量关系，还存在着质量也即特征上的差别，是事物相互之间得以区别的依据所在。更重要的是，人们还发现，数量和质量并不是彼此不相干的，而是紧密联系在一起

① 庞朴：《一分为三论》，上海：上海古籍出版社2003年版，第153页。

的，是相互转化的，于是形成了辩证法的质量互变规律。人们常举的例子的是水，水的温度在0℃以下时凝结成坚固的冰，0℃以上时变成可以因势流动的水，到100℃以上时变成可以随风飘浮的气。后来人们发现，所有物质都可以表现为固体、液体、气体三种形态，所需要的只是不同的温度，而温度又显然是一种数量关系，是温度中不同的数量关系导致了物质在形态上的变化。宇宙大爆炸理论认为，当质量及能量达到无穷大时发生大爆炸，初始宇宙处于混沌状态，随着温度的降低，宇宙物质逐步聚合成气态、液态、固态的不同天体。我们所在的地球的陆地是固态的，地心和海洋是液态的，大气层是气态的。而给予我们光和热的太阳，至今还是一个处于热核反应中的巨大气团。说到物质的微观构造，三个夸克组成质子；说到生命的微观构造，两个碱基和一个氢健组成DNA、三个碱基组成RNA。这里都存在着数量和质量之间的联系。

需要强调的是将质和量结合在一起的度。度是事物的两面在冲突中达至和谐的第三点。水在0℃和100℃时，既标志着温度在数量上的界线，同时也标志着其固态与液态以及液态与气态在质量上的界线。其他物质也是如此，只是所需温度界线的高低有所不同。物质的元素构成也表明了这一点。如，一个氧原子和一个碳原子构成一氧化碳，二个氧原子和一个碳原子构成二氧化碳，两种气体有质的不同，前者很容易致人死命，后者对人体有害但不容易致人死命。再如，人体生命的遗传密码，共有23对染色体，前22对都是一样的，叫做常染色体，其中一半来自父亲，一半来自母亲，所以每个人都兼有父母的特征。唯有第23对是不一样的，叫做性染色体。其中长的用X表示，短的用Y表示，男性是一个X加一个Y，女性是两个X，由此决定了人的性别。这些都是由度将质和量联系起来的。

这里要特别谈到的是，我国当代最具独立精神的思想家顾准对辩证法提出了质疑。他肯定了辩证法作为批判的“破”的武器，有着重要的价值，但一旦作为统治思想，尤其是“整体性真理”和“一元主义”，就变成了科学发展的障碍。为此，他特别谈到质量互变规律，认为现代物理学定义逐渐有全部归于数量化的趋势，光波、声波、电波，燃点、熔点、氧化点，温度、压力，光谱分析、天体光谱分析，等等，这些都不等于质量互变规律。他还认为这样的问题同样适用于另外两个辩证法规律。将辩证法奉为统治思想，定于一尊，当作整体性的和终结的绝对真理，以此来钳制其他一切思想方法，显然是有害的和荒谬的，可以归诸神学范畴或者思想上的霸权主义。但就辩证法本身而言，说它只具有批判和破坏的价值，而不能用于发展与创新，显然也有失偏颇。之所以发生这样的偏颇，可以说与将辩证法等同于矛盾学说，又将矛盾学说等同于“斗争哲学”不无关系。从哲学方法论的发展来看，先有形式逻辑，后有辩证逻辑，从一定意义上说，辩证逻辑是对形式逻辑的突破和否定，但辩证逻辑的问世，并不意味着形式逻辑完全无用，两者可以并行不悖。比如，辩证逻辑在语义表达上仍然必须遵循形式逻辑的规则，对立统一中第三点的非此非彼和亦此亦彼与矛盾律和排中律似乎正好相反，但在说非此非彼和亦此亦彼的同时，就不能说不是非此非彼和亦此亦彼，否则将不知所云。形式逻辑最早由亚里士多德创立，但这并不妨碍他在研究政治学和伦理学时形成包含着对立统一意味的中道论。可以说形式逻辑和辩证逻辑都是哲学意义上的思维方法，两者都不可能是终极真理，随着哲学的发展还可能有新的方法论出现。而哲学方法只能给人们在思维时提供一般意义的指导,不可能代替每个学科中的具体的研究方法。当然也不能因为每个学科甚至每个科学家都有自己的方法,而否定哲学家对方法论进行研究的必要。至于对现代物理学研究的数量化趋势,应该看到,质和量仍然是物质的两个基本属性,定量和定性分析仍然是不可偏废的,光波的长短表现为色彩上的不同,声波的长短表现为音阶的高低,电磁波频率的高低使之区分为无线电波、微波、红外线、可见光、紫外线、X 射线、伽玛射线等,燃点、熔点、温度、压力仍然是质与量在物质形态变化上的结合点,数量化趋势并非是对质量互变规律的否定。

三、“冲和”与否定之否定

凡事物都要在一个环节连接一个环节的发展过程中展开。对于这种状况,黑格尔借助逻辑判断中“肯定”和“否定”这样的用语加以概括,形成了辩证法的否定之否定规律。后来人们沿用这样的概念来谈论事物的发展和变化。

事物在一定条件下表现出某种性状,这便是对自身存在的肯定,而事物的存在,不可能一成不变,这是因为事物肯定自身存在的同时又包含着否定的倾向,这是肯定与否定的对立统一。当否定倾向在一定条件下取代肯定倾向而具有主导作用时,事物本身将归于结束和消亡。但旧有事物结束和消亡并不意味着变得完全空无所有,而是在结束和消亡的过程中孕育着新的事物的开始和形成。新旧事物的交替,表现为对事物的否定倾向的又一次否定,因此叫做否定之否定。事物的两次否定,包含了新旧事物之间的联系和区别。由此表明,新事物不是凭空产生的,而是从旧事物的母体中脱胎而来的，一定带有旧事物的因素和印记，但新事物又绝不是旧事物的简单重复，而一定是表现出自身所特有的性状，从而与旧事物区别开来。黑格尔用德国古典哲学中的“扬弃”一词来表达事物的新旧交替，意思是新事物相对于旧事物是一种舍弃、保留、发扬和提高。人们经常以生物的生长过程为例来说明这样的关系。麦粒生长成麦苗、分叶、拔节、开花、受粉、吐穗，这是对麦粒的否定；待到麦穗结实、成熟，麦株枯萎死亡，这又是对苗株的否定。蚕的生长也表现出这样的关系：蚕吐丝作茧，在茧中变成飞蛾，是对蚕的否定；飞娥受精后产卵变成蚕，又是对飞娥的否定。麦子和蚕是有机物质，其实无机的矿物世界也是如此。矿石经过冶炼加工变成液态，这是对固态的矿石的否定；液态矿石排除杂质以至冷却后变成固态的金属，这又是对液态矿石的否定。新生麦粒和蚕，数量会有很大的增加，如果生长条件好再加上杂交，品质也会优于旧有的麦粒和蚕。新生的金属，重量和体积会少于矿石，排除杂质并保留必要的金属成分，在内在结构和性能上更适合人们使用的需要。整个大自然也莫不如此，“寒暑易节，始一返焉”“冬至一阳生”“夏至秋风起”，春夏秋冬年年相似，年年又有所不同。世间万物，新陈代谢，生生不息，用黑格尔的逻辑判断用语，是否定之否定，是扬弃；用老子的话，则是“负阴而抱阳”，是冲和，是“三生”。

黑格尔对中国哲学了解不多，对孔孟儒学只是简单提到且认为只是一些道德教条而算不上哲学，对老子则了解较多且颇为推崇。这也许是由于老子哲学与自古希腊以来的西方哲学中的辩证思想颇多相通之故。在黑格尔的著作中可以看出，他的全部思想几乎完全是以亚里士多德形式逻辑的三段式和老子的“三生万物”

来构架的,如果说对前者所吸取的是主要是形式上的,那么对后者所吸取的则主要是内容上的。存在、本质、概念,自然、社会、思维,主观精神、客观精神、绝对精神,所有论述又都以正题、反题、合题展开并作结。黑格尔的问题不在于辩证法,也不只是在于将辩证法内核包裹在所谓唯心主义的外壳之中,而更重要在于其建构了一个通往绝对真理的终极体系,即“整体性真理”。这与康德提出的“二律背反”乃至认为人们不可能最终完成对“自在之物”的认识是颇不相同的。人们认识世界既需要分门别类的局部性把握,也需要不分门类的整体性把握,但无论局部还是整体所得到的都是相对真理,绝对真理只能寓于相对真理的不断延展之中,而不可能是终极性的完成。必然性是对过去已知的或然性的归纳,可以作为探索未来或然性的参照,而不可能完全预知未来的所谓必然性。黑格尔以为他解决了康德提出的难题,其实是构建了会阻碍科学发展的一个封闭的僵硬的体系,而康德的不可知论反倒为科学的发展留下了广阔的余地。这也是后来的科学家和哲学家推重康德而不大理会黑格尔的原因所在。

至于否定之否定,它的确反映了新旧事物更替和接续的完整环节,可以作为我们观照未知事物的借鉴,但将需要不断探索和认知的世界削足适履地装进这样的模式,显然是不可取的。黑格尔以否定之否定的三段式将其所在的普鲁士王朝说成是世界模式的终极体现,事实证明那只是明日黄花和痴人说梦。关于社会形态演进,苏联曾提出过影响颇为深远的“五形态”:原始共产主义、奴隶主义、封建主义、资本主义、共产主义,又进一步概括为“三形态”:原始共产主义、阶级社会、共产主义。意思是奴隶主义、封建主义和资本主义作为阶级社会是对原始的无阶级社会的否定,共产主义则是对这些阶级社会的最终的否定之否定，是更高阶段上无阶级社会的再现。这实际上是对否定之否定三段式的僵硬套用。笔者在拙作《契约时代》中曾谈到这个问题。当代人类学研究表明，人类早期社会主要是以血缘为纽带的原始血族社会，那时的人们以采撷和渔猎为生，石制、木制、骨制、土制的工具是那样简陋，根本构不成财产，原始部族之间可能因争夺活动范围而发生冲突，但他们经常流动和迁徙，广袤的山林、原野、水泽对早期人类来说并不十分稀缺，因此也很难被视为财产。既然没有财产，那就谈不上关于财产的什么主义。随着文明的发展，金属工具比较复杂且难以取得，活动范围也变得相对固定，而人口的繁衍，使得部族分化出家族和家庭，这时人们开始形成对财产的概念。但在私产形成的同时，公产也形成了，没有私产无所谓公产，没有公产也无所谓私产。生产工具、居住屋舍、份地、牧场等可以是私产，包括经过战争或买卖得来的奴隶也可以是私产，但土地、矿藏、草原、山林、水面等最终的所有权仍在部族或国家，道路和城廓的公共设施也不可能完全为私家所有。自从人类形成关于财产的概念以来，就是公有和私有的对立统一，公有成分过多会抑制人们创造财富的积极性，私有成分过多会因贫富悬殊而使社会陷入动荡。古往今来直至未来大抵都会是这样的情况。依照笔者的看法，这是一个血缘和契约此消彼长的过程。原始血族时代已有契约的萌芽，但血缘是社会组织的基本纽带。之后是英国法学家亨利·梅因所说的等级身份时代，作为一种过渡，契约因素逐渐生长，血缘因素逐渐减弱，以至于当今社会开始由身份时代进入了契约时代。这也是一个三段式，但并非是一个简单的否定之否定。因为对于未来，我们只能说：契约关系有可能愈见普遍，血缘因素愈见减弱但不可能消失，因为人类要靠血缘来繁衍，而亲子之情是人类不大可能改变的本性。所谓必然性，往往是对已往事件演进轨迹的认识，或者在已经出现类似情形时对未来的趋势做一些推测，未来的情况究竟如何，那仍将会是许多偶然性的组合。

在这一点上，顾准是对的，人类社会不会按照任何预知的必然规律和既定模式展开，有的只是在不断探索中的进步。对冲和论也应作如是观，它只是在认知事物过程中可以参照的方法，而绝不可以当作未知事物的先验教条。

第九章　应用中的步骤和条件

冲和论或者说“三生法”作为一种哲学上的方法论，其基本要义不应该只是体现在学理的阐释之中，在应用的步骤上也应该体现出来，以便人们对其有更加明晰和简约的把握，使之具有实用性。同时还要注意，即使明确了应用的步骤，所面对的实际情况也是千差万别和千变万化的，作为应用者在主观上还必须具备一些基本的条件。

一、应用中的基本步骤

依照我们对冲和论或者说“三生法”上述一系列的分析和归纳，为避免可能发生误导的种种枝蔓和偏颇，在应用中大致需要把握以下基本步骤。

(一)从矛盾分析方法入手

前文中谈到用矛盾一词来概括事物对立统一关系并不完全恰切，但鉴于该词不仅在西方而且在我国早已成为人们习以为常的哲学用语，而“一分生二”又是事物演化的必经过程，所以不妨仍取矛盾分析的两面对立之意，作为分析事物的入手点，也可以说是从

“两分法”入手。

关于矛盾分析方法，所谓两种宇宙观仍然需要区别，尽可能避免以孤立的、片面的、静止的观点看问题，而以联系的、全面的、变化的观点看问题。尤其应当注意矛盾的普遍性和特殊性。坚持矛盾的普遍性，可以使我们看到，凡事物莫不有对，在两面的对立中演化，而不致于陷入以孤立、片面、静止的观点看问题的困境。坚持矛盾的特殊性，可以使我们看到，矛盾的普遍性体现在特殊性之中，凡事物都是具体的和存在差异的，而非抽象的和千篇一律的，这可以使我们避免犯照抄教条和照搬以往经验的错误。在看到矛盾的特殊性的情况下，还须注意主要矛盾和矛盾的主要方面。这是因为事物是复杂的，往往是多种矛盾交织在一起，面对纷繁错综的矛盾，会使人感到茫然无绪，无从下手，分清主要矛盾和次要矛盾，可以起到提纲挈领的作用，收到纲举目张的效果。而分清矛盾的主要方面和次要方面，则可以明确事物的性质，进一步找准解决矛盾的着力点，推动事物的性质发生变化。在明确主要矛盾和矛盾的主要方面之后，还须分清矛盾的对抗性和非对抗性，这是关于矛盾本身性质的认定。凡构成矛盾必有相互否定和排斥的倾向，这种倾向是否尖锐和激烈决定着矛盾是对抗性的还是非对抗性的。对于不同性质的矛盾应采用不同的方法加以解决，否则非但不能使矛盾得到解决，甚至会使之更加复杂化。这些大致是矛盾学说的精华，需要在对事物“一分生二”的过程进行分析时悉心把握和秉持。

（二）看到事物两面中的同一性

如果说上述的矛盾分析方法主要着眼于事物两面或者两种事

物之间的差异性,那么接下来的这一步则主要是着眼于蕴含在差异性中的同一性。

前文谈到,传统矛盾学说的最大缺陷在于,将由矛盾双方的差异性构成的对立性归结为斗争性,又将斗争性看作是绝对的,将矛盾双方的同一性看作是相对的,这就将矛盾的解决置于非此即彼、以此克彼的斗争之中,形成了所谓“斗争哲学”,从而将事物的演化描绘成一个永无休止的只作两分的过程。也如前文所述,差异性和同一性是构成矛盾双方对立统一的充分必要条件,两者都是有之未必可,无之必不可,绝不可以有此而无彼。

“斗争哲学”所最欲说明的是阶级斗争。前文对此也曾谈及,此处也不妨再略作申说。自文明可考以来,人类社会的确存在阶级划分。处于两极之间的阶级差异性是明显的,奴隶主主宰奴隶的命运,奴隶本身就是奴隶主的财产,地主将土地租种给农民,农民向地主缴纳地租,资本家付工资给工人,工人将劳动力出卖给资本家;两者之间的同一性也是明显的,无论被划分为何种阶级,他们都处于同一种生产关系中,至少他们都是人,都要靠物质资料的生产才能生存。他们之间可能因差异性导致斗争,也可能因同一性达成和谐。当前者残暴苛刻对待后者以及后者消极对待前者时,两者之间的斗争不可避免;但当前者能够恰当顾及后者利益甚至仁慈对待后者以及后者积极对待前者时,两者之间会表现出和谐。须知无论哪种阶级社会都不是只有处于社会两极的两个阶级,还有大量处于中间状态的阶级,在奴隶制时代是自由民,封建制时代是自耕农,资本主义时代是小企业主,大致来说也都是三元结构。各阶级之间有斗争,但也有合作,正是斗争和合作形成了与生产水平相联系的相对稳定的存续较长时段的社会形态。一种社会形态被另一种社会形态所代替,既是阶级之间斗争的结果,也是在斗争中形成新的阶级结构并达成和谐的结果。于是旧的社会阶级之间的对立统一消亡了,新的社会阶级之间的对立统一兴起了。需要看到的是,社会两极阶级之间的斗争,结果只是使双方都同归于尽。奴隶和奴隶主之间存在斗争,奴隶和奴隶主都消亡了,代替奴隶主在社会中居于领导地位不是奴隶,而是地主。农民和地主之间存在斗争,农民和地主都消亡了,代替地主在社会中居于领导地位不是农民,而是资本家。当然,其间并非没有社会进步。封建制代替奴隶制,农民对地主仍存在人身依附关系,但地主对农民不再像奴隶主对奴隶那样可以生杀予夺和任意买卖。资本主义代替封建制,工人对资本家不再像农民对地主那样存在人身依附关系,两者之间至少在表面上是一种自由契约的关系。就近而言,自资本主义问世以来,资本家与工人之间一直存在着斗争,但也不断在斗争中达成和谐。至于这种生产关系的未来走向,笔者在拙作《契约时代》中曾有所展望,认为随着科学技术的进步和知识经济的到来,所谓的知识阶级有可能代替传统的资本家阶级在社会中居于领导地位,社会有可能会形成所谓知识阶级和非知识阶级的分野,但两者之间仍会有庞大的中间阶级,而且相对于土地和资本的有限性和排他性,知识具有无限性和共享性,会使社会的垂直流动变得日益通畅,阶级划分相对过去的阶级社会而言不再是难以逾越的鸿沟。当然,社会成员之间仍然会因差异性而发生冲突,但也会因同一性而在冲突中达成和谐。

万事万物莫不在差异性中包含着同一性,人有两足,鸟有两翼,水有两岸,山有两坡,两足的同一性在于都是用于行走,两翼的同一性在于都是用于飞翔,两岸的同一性在于都在导流,两坡的同一性在于都属于山的立面。

（三）选中求同存异的结合点

上述的第二步，实际上可以看作是由第一步到第三步之间的中介或者说是过渡。当我们了解到事物两面的差异性和同一性之后，接下来的工作便是选择并确定其中的有机的结合点。很明显，到这里将最终走出“两分法”，彻底摆脱简单的非此即彼、以此克彼的取向，而是要在冲突中达成和谐、实现创新，要做的是“二合生三”，是“三生法”。

需要强调的是，这样的结合点对于事物两端一定是非此非彼、亦此亦彼的又一端。前文对此已多所谈及，比如，中庸的“执两用中”“过犹不及”“时中”；创新中的不同域质事物结合的异同适度。这就决定了对事物分成矛盾两端的态度应该是求同存异，而绝不应该是存同弃异。在社会关系中，如果我们本身处在两端之中的一端，则应该是“已所不欲，勿施于人”和“己欲立而立人，己欲达而达人”，而不应该是“卧榻之侧岂容他人鼾睡”，党同伐异。在处理国际关系方面，中国多年来一直秉持求同存异的方针，赢得了和平发展的国际环境。在实际应用中最可引为典范的是邓小平处理香港问题的伟大设想。在中英谈判中国恢复对香港行使主权的过程中，邓小平审时度势，提出“一国两制”的设想，香港必须回归祖国，由中国行使主权，同时保留香港的原有制度，实行港人治港，高度自治的方针。由此形成了求同存异的结合点，“同”在国家主权不可再分割，“异”在内地与香港两种制度并存。如此一来，在实现香港回归的过程中，既避免了中英之间有可能发生的武力冲突，保持了两国关系的相对和谐，同时也创造了一种国家制度的崭新形态，保持了香港的稳定和繁荣。

经常被引为典范的还有美国国会两院的设置。独立战争胜利之后,美国举行制宪会议,宪法的所有条文几乎都是各州代表争论和妥协的结果,其中最为突出的是关于国会的设置。麦迪逊的弗吉尼亚方案要求设立上下两院,下院议员按人口基数选出,上院由下院选出;而另一个方案是新泽西方案主张实行单院制,由各州以平等代表权选出。前者得到人口多的大州支持,后者为人口少的小州所拥护,两方争执不下,甚至闹到要求解散制宪会议的地步。但最终还是达成了共识,形成了康涅狄格方案,众议院代表由各州按人口基数选出,参议院代表由各州以相等人数选出,兼顾各方利益且互有让步,史称"伟大的妥协"。

当然,在遇到立场严重分歧乃至敌对时,斗争是必不可免的,但即使斗争也还要有理、有利、有节。最好的策略是斗而不破、让而不懦,同异适度,以至可以化敌为友。在科学技术方面,动植物改良需要远缘杂交,工具改进需要不同功能的组合,杂交和组合都必须选取求同存异的结点,同一性太少则结构不稳定,差异太少则优势不明显;反之亦然。选中求同存异的结合点,可以完成事物演化链条上由"一分生二"到"二合生三"的完整环节,冲突得以和谐,新旧得以交替。

二、应用中需要的基本条件

以上归纳和概括可以使冲和论或者说"三生法"变得简便易行,但绝不可认为有了这样的步骤,便找到了解决一切问题的"终南捷径",因为具体事物总是复杂的,尤其是当人们身处其中时,往往被主观和客观的种种不智和假象所遮蔽,要恰当地加以应用,还必须具备一些基本的条件。

(一)存疑的批判精神

人们对事物的认识是一个不断深入且永远不可能穷尽的过程,这意味着对事物之理的任何一种认识都不免存在谬误,即使在一定范围和层次上是真理,到另一个范围和层次上也可能会变成谬误。由此决定了对以往的认识须不断地存疑和批判,将认识不断地引向深入。

在这方面,人们常常例举的是地心说和日心说。古人观测宇宙,目光受限,认为大地是宇宙中心,日月星辰都绕地而行。中国古人,大概因为身处内陆,感觉大地是平的,有日月星辰绕行其上,乃至有天圆地方之说。希腊古人,生长在大海之滨,常在海上航行,看到船桅露出海面而渐渐升高,意识到海面可能是孤形的,由此推及整个大地为球形。地心说最早由欧克多斯提出,伟大明智如亚里士多德,不仅相信且论证了此说。托勒密则在此基础上加之自己的观测形成了世界上第一个以地球为中心的行星体系模型。按照这一模型,人们可以对行星的运动进行计算,推测行星的位置和预测天象的变化,用于指导生产和生活的实践。此说与基督教上帝创世说结合起来,在欧洲中世纪近千年的神学统治之下,似乎成为不可置疑的真理。但是到了中世纪的后期,随着观察工具的不断改进,对行星运动位置的测量日益精确,观测的结果与按照托密勒模型计算的结果相比,两者偏差越来越大。起初只是用完善模型的办法来加以弥补,直到偏差大得无法弥补时,人们开始对地心说提出怀疑。“日心说”最早由古希腊的阿里斯塔克斯提出。到16世纪,波兰天文学家哥白尼,在汲取先辈思想和同时代学者研究成果的基础上,经过数十年艰辛探索,形成了完整的日心地动说。时至今日,我们知道,日心说也包含着错误,此说只大体适合于太阳系,而太阳只不过是银河星系中数以千亿计的恒星中的一颗质量并不太大的恒星,银河之外还有河外星系,宇宙的中心究竟何在,我们目前并不知道。

18世纪,伴随着工业革命,资本主义成为欧洲各国的主要社会形态,出于对现实状况的不满,圣西门、傅立叶、欧文等人,突破启蒙学者的种种思想窠臼,从古希腊柏拉图、16世纪英国的摩尔和意大利的康帕内拉等人对理想国度的描绘中得到启示,形成所谓空想社会主义并进行社会实验。到19世纪,空想社会主义未能奏效,马克思和恩格斯批判地吸收前人思想成果,深入剖析资本主义生产关系中资本家剥削工人的实质,创造了科学社会主义理论。到20世纪初,列宁继承马克思关于暴力革命和对社会主义社会的一些基本构想,革命成功并建立了世界历史上第一个社会主义国家。受其影响,到20世纪中期,中国和欧亚以及南美的一些国家也走上社会主义道路。20世纪末期,苏联模式的社会主义走到尽头,社会主义阵营不复存在。中国开始从旧有思维模式和旧的体制中解放出来,积极探索符合自身特点的中国特色社会主义道路,推动了经济的快速增长。

自古以来,任何科学的进步都是在不断对旧的认识提出质疑和批判然后形成新的认识中展开的。然而,秉持存疑的批判精神是需要勇气甚至是要有所牺牲的。在欧洲曾有宗教裁判所和火刑柱,在中国曾有文字狱和思想罪。当今世界普遍倡导宽容,但不宽容的遗风并未尽除,要突破各种旧有认识和现实利益中的藩篱,依然需要勇气，因为即使是以“执两用中”达至和谐也会遇到偏执一端者的拒斥，而求新更会遇到守旧者的反对。

（二）无羁的想象能力

前文谈到，对事物二分，人们通过直观即可看到，而事物“三生”则往往需要经过分析与综合才能明白。由此决定了在冲和论或者说“三生法”的应用中需要很强的想象能力，可以在冰火不容之间看到同一性，可以在风马牛不相及之间找到结合点，在二律背反之间找到空隙处，这是一种犹如天马行空，不受任何成见羁绊的智慧表现。

古今中外的许多传说和故事充分表明了这一点。风后发明指南车，大概是看到磁石之角总是向南，联想到了战争中辨别方向的需要。鲁班发明锯，据说是爬山时被带刺的植物刺伤了手，于是想到将排齿与薄刃结合起来用于切割木头。富兰克林进行风筝试验，一定是想到风筝可以迎风入云而金属丝可以导电，于是将两者结合起来，完成了被常人视为疯狂的电学实验。爱迪生母亲生病，需要连夜做手术，一盏油灯不足以照明，他将家里的油灯都找来，然后再放一面镜子，使手术得以顺利进行，一定是想到了镜子的聚光和反光作用。后来他用电灯照亮了世界，打破了昼夜之分对人们生产和生活的限制，先是用各种金属丝，后来用棉纱丝、竹丝，最后用钨丝做灯丝，历时十多年，试用材料达六千多种，都是一次次联想的结果。牛顿看到苹果落地而发现万有引力定律的故事，可谓家喻户晓。牛顿在剑桥三一学院学习和研究力学，月亮绕地球运行，地球绕太阳运行，月亮为什不会落在地球上？地球为什么不会落在太阳上？这样的问题一直萦绕在他心头。他在姐姐乡下的果园里看到苹果落地，又见小外甥不断甩出去又拉回来系有皮筋的小球，牛顿由作用于小球的推力和拉力想到月亮和地球运行的推力和拉力，想到应当是地球的拉力使得苹果落地，由此判断小到苹果、雨滴，大到天体，万物之间都存在着引力，并得出引力大小与质量成正比、与距离成反比的公式。从苹果到小球再到天体，其间跨度是多么大，联想的能力又是多么强！科学技术上的每一次进步，几乎都是发现者和发明者对看似矛盾着的事物发生疑问，然后针对疑问提出假说作为解答。既然发生疑问，那一定是对事物之间的真实联系还不了解，用假说来解答疑问，靠的就是把看似不相干的事物联系起来的联想能力。当然，任何假说的正确与否终究都要由实验来证明，大胆假设，小心求证。然而，由于事物的复杂性，并非所有的假说都能得到及时的检验。为此，波普甚至提出了证伪法，认为科学理论根本不能被证实，只能被证伪，否则科学探索将会终止。这分明是在倡导批判精神，倡导最具想象能力的科学假说。

在社会问题和文学艺术创作等领域同样需要想象能力。在众人都在仿效俄国革命城市暴动的做法而不能成功时，毛泽东想到中国历代的农民战争，找到了中国革命以农村包围城市的道路。在历来的反抗者胜利之后都会称王称帝的情况下，华盛顿想到要建立人民主权的合众国，且以其卓越功勋和崇高威望来推动此事。当众人在战争中只注意非攻即防两个方面的时候，毛泽东想到了在运动中消灭或者摆脱敌人。当许多国家都在以暴力革命的方式推翻统治者的时候，甘地想到托尔斯泰非暴力抗恶的思想，并以此方式实现了民族独立和政治制度的更新。人们常说文学艺术的创作要“源于生活，高于生活”，又说要在“情理之中，意料之外”。试想古今中外文学艺术的珍品,有哪一种不蕴含着创作者奇异甚至是奇幻的想象?因为只有这样才能不同庸常,才能给人以震撼,给人以美的享受。

(三)足够的知识积累

应用冲和论或者说“三生法”需要想象能力,而想象能力不可能凭空产生,必须以已有的知识为基础。前面谈到,事物“二分”之间或者之外,一定存在“三合”。这可以使我们有明确意识,自觉地去寻找第三点,但能否找到这个第三点,要靠知识储备。想象力实际上是由此事物联想到彼事物的能力,如果对彼事物毫无印象,那是无论如何也联想不到的。人的知识积累犹如库存,必须有足够的库存才能使联想搜索到可资利用的素材和工具,然后经过头脑的加工成为有价值的思想和作品。

凡是知道和接触过爱因斯坦相对论的人,无不为他那奇异的想象能力所倾倒。从古人的直觉到牛顿的经典力学,除去如中国古人有关天上人间时空不同之类的神话猜测,没有人会想到时间和空间这两个宇宙的基本尺度会是变化和彼此联系的。而爱因斯坦偏偏就是要让时间和空间随着他的想象能力起舞,提出当物体的运动达到光速,时间会变慢,空间会缩小,并推导出了著名的质能方程,“质量就是能量,能量就是质量;时间就是空间,空间就是时间”。这一伟大思想肯定不是凭空产生的,后学者在研究其形成的过程时,了解到爱因斯坦在学生时代,就读了马赫的《力学及其发展的历史批判概论》和彭加勒的《科学与假设》以及毕生尔的《科学规范》,这使得他坚信经典力学存在着重大缺陷。他还深入探讨了斯宾诺莎的自然和谐论、休谟的时空观和康德的先验论等哲学问题。当然,他着力最深的还是在物理学方面,他带着对人类已有知识的质疑,学习和钻研了赫兹、基尔霍夫、洛仑兹等前辈的著作,掌握了麦克思韦的电磁理论。这一切都为他以相对时空观开创现代物理学的先河提供了条件。

凡读过中国古典文学名著《红楼梦》的人,无不为曹雪芹在创作中可谓奇幻的想象能力折服。有研究者曾对书中述及的人物作过统计,共九百八十三人,天上人间,神仙佛道,帝妃王侯,文臣武将,主人奴仆,小姐丫环,医巫卜匠,优娼浪子,庄头村婆,三教九流,各色人等,有的浓墨重彩,有的寥寥数笔,尽皆栩栩如生,个性毕现。书中诗词歌赋,诔文偈言,谜语酒令,俗话俚歇,礼教律典,诸体兼善,无不精妙。节庆筵乐,婚丧寿诞,绘画音乐,参惮悟道,医道药理,衣食住行,起居陈饰,建筑园艺,庙堂市井,世间百态,应有尽有。人称《红楼梦》是"百科全书"式的文学巨著,在文本中可以看到作者的想象能力,既来自渊博若海的知识积累,也来自其由"烈火烹油,鲜花着锦"而至"绳床瓦灶""举家食粥酒常赊"的跌宕人生。

知识积累既包括向书本学习也包括实际阅历,由此而构成了想象能力得以驰骋的疆场。科学研究不必至相对论,文学创作也不必至《红楼梦》,其实不论任何领域和行当,要化解冲突,实现创新,都不仅需要具备本领域和本行当的知识和阅历,还需要本领域和本行当之外的知识和阅历。所谓"诗在诗外",所谓"读万卷书,行万里路",说的就是这个道理。杜甫在《观公孙大娘弟子舞剑器》的诗序中说到张旭因受公孙大娘舞剑器的启发而使狂草书法大进。张大千晚年患眼疾,朦胧中看到雨中山峦,大受触动,将中国画传统的泼墨推向泼彩,完成了其画风的巅峰之变。诗如此,字如此，画如此，诸事如此。爱迪生说“天才就是九十九分汗水加一分灵感”。按照笔者的理解，灵感极其重要且极不易得，需要大量汗水的浇灌和勤思苦想的激发。

冲和论或者说“三生法”的应用，说难也难，说易也易。难在世事纷纭，云山雾罩，枝节横生，“剪不断，理还乱”，不知达成和谐和实现创新的“三”在何处。易在事物再复杂也必有“二分”，而有“二分”必有“三合”，二者必具其三，只要记住这一点，知识不够，可以去学去问，去寻去找，总能开悟。在实际工作和生活中我们每个人都在应用，当你遇事感到困难时，往往是囿于非此即彼，还没有意识到那个可以破解困难的“三”；而遇事觉得容易时，则往往是已经找到并掌握了那个可以破解困难的“三”，可以说是“日用而不自知”。本论的作用也只是让人们在实际应用中变得更加自觉，结果更加有效。